Vietnam en Sabores
Un Banquete Culinario para Descubrir la Esencia de la Cocina Vietnamita

Linh Tran

Indice

Cerdo Estofado Picante 9
bollos de cerdo al vapor 10
cerdo con repollo 12
Cerdo con repollo y tomates 14
Cerdo marinado con repollo 15
Cerdo con Apio 17
Cerdo con Castañas y Setas 18
Chuleta de cerdo 19
plato de cerdo 21
Chow Mein de cerdo asado 23
Cerdo con chutney 24
cerdo con pepino 25
Paquetes de cerdo crujiente 26
Rollos de huevo de cerdo 27
Rollitos de huevo con cerdo y camarones 28
Cerdo Estofado Con Huevo 29
cerdo ardiente 30
filete de cerdo frito 31
cerdo cinco especias 32
Cerdo Frito Aromático 33
Cerdo Picado Con Ajo 34
Cerdo Asado Con Jengibre 35
Cerdo con Judías Verdes 36
Cerdo con Jamón y Tofu 37
Brochetas De Cerdo Estofadas 39
Paletilla de cerdo frita con salsa roja 40
cerdo marinado 42
Chuletas de cerdo marinadas 44
cerdo con champiñones 45
empanadillas al vapor 46
Cerdo rojo al horno con champiñones 47

Panqueque De Fideos Con Cerdo 48
Panqueque De Cerdo Y Camarones Con Fideos 49
Cerdo con Salsa de Ostras 50
cerdo con maní 51
cerdo con pimienta 53
Cerdo picante con encurtidos 54
Cerdo con Salsa de Ciruelas 55
Cerdo con Camarones 56
cerdo rojo cocido 57
Cerdo con Salsa Roja 58
Cerdo con Fideos de Arroz 60
ricas bolitas de cerdo 62
chuleta de cerdo asada 63
cerdo picante 64
Rebanadas de cerdo resbaladizas 66
Cerdo con Espinacas y Zanahorias 67
cerdo al vapor 68
cerdo frito 69
Cerdo con batatas 70
cerdo agridulce 71
carne de cerdo salada 73
cerdo con tofu 74
cerdo asado 75
cerdo dos veces cocido 76
Cerdo con Verduras 77
Cerdo con Avellanas 79
albóndigas de cerdo 80
Cerdo con Castañas de Agua 81
Wonton de cerdo y camarones 82
carne picada al vapor 83
Costillitas con Salsa de Frijoles Negros 85
costillas a la parrilla 87
costillas de arce asadas 88
costillas de cerdo fritas 89
Costillas con Puerros 90
Costillas De Champiñones 92

Costillas De Naranja *93*
costillas de piña *95*
Costillas de camarones crujientes *97*
Costillas Al Vino De Arroz *98*
costillas de sésamo... *99*
Costillas Dulces y Suaves *101*
Costillas Salteadas.. *103*
Costillas con Tomates *104*
Carne de cerdo a la parrilla *106*
Cerdo Frío Con Mostaza *107*
cerdo al estilo chino... *108*
cerdo con espinacas *109*
bolas de cerdo fritas *110*
Rollitos de huevo con cerdo y camarones......................... *111*
cerdo al vapor.. *113*
Cerdo Estofado Con Carne De Cangrejo.......................... *114*
Cerdo con brotes de soja *115*
Salteado De Pollo Simple *117*
Pollo Con Salsa De Tomate *119*
pollo con tomate... *120*
Pollo con tomates guisados *121*
Pollo Y Tomates Con Salsa De Frijoles Negros................. *122*
Pollo Cocido Rápido Con Verduras *123*
pollo con avellanas *124*
pollo con nueces.. *125*
Pollo Con Castañas De Agua *126*
Pollo Salado Con Castañas De Agua *127*
albóndigas de pollo.. *129*
alitas de pollo crujientes... *130*
Alitas de pollo con cinco especias *131*
Alitas de pollo marinadas *132*
Alitas de pollo reales *134*
Alitas de pollo picantes.. *136*
Muslos de pollo a la parrilla *137*
Muslos De Pollo Hoisin *138*
Pollo frito.. *139*

Pollo frito crujiente 140
Pollo Frito Entero 142
pollo cinco especias 143
Pollo con jengibre y cebollino 145
Pollo cocido 146
Pollo Rojo Al Horno 147
Pollo rojo picante al horno 148
Pollo asado con sésamo 149
pollo con salsa de soja 150
pollo al vapor 151
Pollo al vapor con anís 152
pollo de sabor extraño 153
trozos de pollo crujientes 154
Pollo con Judías Verdes 155
Pollo Al Horno Con Piña 156
Pollo Con Pimientos Y Tomates 157
Pollo al sésamo 158
poussins fritos 159
Türkiye con tirabeques 160
pavo con pimienta 162
pavo asado chino 164
pavo con nueces y champiñones 165
pato brote de bambú 166
pato con brotes de soja 167
pato hervido 168
Pato al vapor con apio 169
pato jengibre 170
Pato con Judías Verdes 172
pato asado al vapor 174
Pato con Frutas Exóticas 175
Pato Asado Con Hojas Chinas 177
pato borracho 178
pato cinco especias 179
Pato Asado Con Jengibre 180
Pato con Jamón y Puerro 181
pato asado con miel 182

pato asado mojado *183*
Pato asado con champiñones *185*
pato con dos champiñones *187*
Pato Asado Con Cebolla *188*
pato con naranja *190*
pato asado con naranja *191*
Pato con Peras y Castañas *192*
Pato Pekín *193*
Pato Hervido Con Piña *196*
Pato salteado con piña *197*
pato con piña y jengibre *199*
Pato con Piña y Lichis *200*
Pato con Cerdo y Castañas *201*
pato con patatas *202*
Pato rojo hervido *204*
Pato Asado Al Vino De Arroz *205*
Pato al vapor con vino de arroz *206*
pato salado *207*
Pato Salado Con Judías Verdes *208*
pato cocido a fuego lento *210*
pato salteado *212*
pato con batatas *213*
pato agridulce *215*
Pato mandarín *217*
pato con verduras *217*
Pato salteado con verduras *219*
Pato Blanco Al Horno *221*
pato con vino *222*

Cerdo Estofado Picante

para 4 personas

450 g / 1 libra de carne de cerdo cortada en cubitos

sal y pimienta

30 ml / 2 cucharadas de salsa de soja

30 ml / 2 cucharadas de salsa hoisin

45 ml / 3 cucharadas de aceite de maní (maní)

120 ml / 4 fl oz / ½ taza de vino de arroz o jerez seco

300 ml / ½ pt / 1¼ taza de caldo de pollo

5 ml / 1 cucharadita de cinco especias en polvo

6 cebolletas (cebolletas), picadas

225 g de champiñones ostra, en rodajas

15 ml / 1 cucharada de harina de maíz (almidón de maíz)

Sasona la carne con sal y pimienta. Colocar en un plato y mezclar la salsa de soja y la salsa hoisin. Tapar y dejar marinar durante 1 hora. Calentar el aceite y sofreír la carne hasta que esté dorada. Agregue vino o jerez, caldo y cinco especias en polvo, deje hervir, cubra y cocine a fuego lento durante 1 hora. Agregue las cebolletas y los champiñones, retire la tapa y cocine por otros 4 minutos. Mezclar la maicena con un poco de agua, llevar a ebullición y cocinar, revolviendo, durante 3 minutos hasta que la salsa espese.

bollos de cerdo al vapor

hace 12

30 ml / 2 cucharadas de salsa hoisin
15 ml / 1 cucharada de salsa de ostras
15 ml / 1 cucharada de salsa de soja
2,5 ml / ½ cucharadita de aceite de sésamo
30 ml / 2 cucharadas de aceite de maní
10 ml / 2 cucharaditas de raíz de jengibre rallada
1 diente de ajo machacado
300 ml / ½ punto / 1 ¼ vaso de agua
15 ml / 1 cucharada de harina de maíz (almidón de maíz)
225 g/8 oz de carne de cerdo cocida, finamente picada
4 cebolletas (cebolletas), finamente picadas
350 g / 12 oz / 3 tazas de harina común (para todo uso)
15 ml / 1 cucharada de levadura en polvo
2,5ml / ½ cucharadita de sal
50 g / 2 oz / ½ taza de manteca de cerdo
5 ml / 1 cucharadita de vinagre de vino
Cuadritos de papel encerado de 12 x 13 cm

Mezcle salsas de uva, ostras y soja con aceite de sésamo. Calentar el aceite y sofreír el jengibre y el ajo hasta que estén ligeramente dorados. Agrega la mezcla de salsa y fríe por 2 minutos. Mezcle 120 ml / 4 fl oz / ½ taza de agua con harina de maíz y revuelva en la sartén. Llevar a ebullición, revolver y luego cocinar hasta que la mezcla espese. Agrega la carne de cerdo y la cebolla y deja enfriar.

Mezclar la harina, el polvo para hornear y la sal. Frote la manteca de cerdo hasta que la mezcla parezca pan rallado fino. Mezcle el vinagre de vino y el agua restante, luego mezcle con la harina para formar una masa firme. Amasar ligeramente sobre una superficie enharinada, tapar y dejar reposar durante 20 minutos.

Amasar la masa nuevamente, luego dividirla en 12 partes y formar una bola con cada una. Extiéndalo formando círculos de 15 cm/6 pulgadas sobre una superficie enharinada. Coloque el relleno en el centro de cada círculo, cepille los bordes con agua y junte los bordes para sellar el relleno. Cepille un lado de cada cuadrado de papel pergamino con aceite. Coloque cada bollo, con la costura hacia abajo, en un cuadrado de papel. Coloque los bollos en una sola capa sobre una rejilla para vaporera sobre agua hirviendo. Cubra y cocine al vapor hasta que los bollos estén cocidos, aproximadamente 20 minutos.

cerdo con repollo

para 4 personas

6 champiñones chinos secos
30 ml / 2 cucharadas de aceite de maní
450 g / 1 libra de carne de cerdo, cortada en tiras
2 cebollas rebanadas
2 pimientos rojos cortados en tiras
350 g/12 oz de repollo blanco, rallado
2 dientes de ajo picado
2 piezas de raíz de jengibre, picadas
30 ml / 2 cucharadas de miel
45 ml / 3 cucharadas de salsa de soja
120 ml / 4 fl oz / ½ taza de vino blanco seco
sal y pimienta
10 ml / 2 cucharaditas de harina de maíz (almidón de maíz)
15 ml / 1 cucharada de agua

Remojar los champiñones en agua tibia durante 30 minutos y luego escurrirlos. Deseche los tallos y corte la parte superior. Calentar el aceite y sofreír el cerdo hasta que esté ligeramente dorado. Agrega las verduras, el ajo y el jengibre y sofríe durante 1 minuto. Agrega la miel, la salsa de soja y el vino, lleva a ebullición, tapa y cocina a fuego lento durante 40 minutos hasta que la carne esté cocida. Condimentar con sal y pimienta. Mezcla la harina de maíz y el agua y ponla en la olla. Llevar a ebullición, revolviendo constantemente, luego cocinar por 1 minuto.

Cerdo con repollo y tomates

para 4 personas

30 ml / 2 cucharadas de aceite de maní
450 g/1 libra de carne magra de cerdo, en rodajas
sal y pimienta negra recién molida
1 diente de ajo machacado
1 cebolla finamente picada
½ repollo, rallado
450 g / 1 libra de tomates, pelados y cortados en cuartos
250 ml / 8 fl oz / 1 taza de caldo
30 ml / 2 cucharadas de harina de maíz (almidón de maíz)
15 ml / 1 cucharada de salsa de soja
60 ml / 4 cucharadas de agua

Calentar el aceite y sofreír el cerdo, la sal, la pimienta, el ajo y la cebolla hasta que estén ligeramente dorados. Agrega el repollo, los tomates y el caldo, lleva a ebullición, tapa y cocina por 10 minutos hasta que el repollo esté tierno. Mezcle la harina de maíz, la salsa de soja y el agua hasta formar una pasta, revuelva en la sartén y cocine, revolviendo, hasta que la salsa se adelgace y espese.

Cerdo marinado con repollo

para 4 personas

350 g / 12 oz de tocino

2 cebollas verdes (cebolletas), picadas

1 rodaja de raíz de jengibre, picada

1 rama de canela

3 dientes de anís estrellado

45 ml / 3 cucharadas de azúcar moreno

600 ml / 1 punto / 2½ vasos de agua

15 ml / 1 cucharada de aceite de maní

15 ml / 1 cucharada de salsa de soja

5 ml / 1 cucharadita de puré de tomate (pasta)

5 ml / 1 cucharadita de salsa de ostras

100 g/4 oz de corazones de bok choy

Paquete de 100 g/4 oz de choi

Cortar la carne de cerdo en 4 trozos de 10 cm y colocar en un bol. Agrega el cebollino, el jengibre, la canela, el anís estrellado, el azúcar y el agua y deja reposar durante 40 minutos. Calienta el aceite, retira la carne de cerdo de la marinada y agrégala a la sartén. Freír hasta que esté ligeramente dorado, luego agregar la salsa de soja, el puré de tomate y la salsa de ostras. Deje hervir y cocine hasta que la carne de cerdo esté tierna y el líquido se haya reducido, aproximadamente 30 minutos, agregando más agua durante la cocción si es necesario.

Mientras tanto, cocine al vapor los corazones de repollo y el pak choi en agua hirviendo hasta que estén tiernos, aproximadamente 10 minutos. Colóquelos en una fuente para servir caliente, coloque la carne de cerdo encima y vierta la salsa por encima.

Cerdo con Apio

para 4 personas

45 ml / 3 cucharadas de aceite de maní (maní)
1 diente de ajo machacado
1 cebollín (cebolleta), picado
1 rodaja de raíz de jengibre, picada
225 g/8 oz de carne de cerdo magra, cortada en tiras
100 g/4 oz de apio, en rodajas finas
45 ml / 3 cucharadas de salsa de soja
15 ml / 1 cucharada de vino de arroz o jerez seco
5 ml / 1 cucharadita de harina de maíz (almidón de maíz)

Calentar el aceite y sofreír el ajo, la cebolleta y el jengibre hasta que estén ligeramente dorados. Agrega la carne de cerdo y fríe durante 10 minutos hasta que esté dorada. Agrega el apio y sofríe durante 3 minutos. Agrega el resto de los ingredientes y sofríe durante 3 minutos.

Cerdo con Castañas y Setas

para 4 personas

4 champiñones chinos secos
100 g / 4 oz / 1 taza de castañas
30 ml / 2 cucharadas de aceite de maní
2,5ml / ½ cucharadita de sal
450 g/1 libra de carne de cerdo magra, en cubitos
15 ml / 1 cucharada de salsa de soja
375 ml / 13 fl oz / 1½ tazas de caldo de pollo
100 g/4 oz de castañas de agua, en rodajas

Remojar los champiñones en agua tibia durante 30 minutos y luego escurrirlos. Deseche los tallos y corte la parte superior por la mitad. Hervir las castañas en agua hirviendo durante 1 minuto y escurrir. Calentar el aceite y la sal y luego sofreír el cerdo hasta que esté ligeramente dorado. Agrega la salsa de soja y sofríe durante 1 minuto. Agrega el caldo y hierve. Agrega las castañas y las castañas de agua, vuelve a hervir, tapa y cocina hasta que la carne esté tierna, aproximadamente 1 1/2 horas.

Chuleta de cerdo

para 4 personas

100 g/4 oz de brotes de bambú, cortados en tiras

100 g/4 oz de castañas de agua, en rodajas finas

60 ml / 4 cucharadas de aceite de maní

3 cebolletas (cebolletas), picadas

2 dientes de ajo machacados

1 rodaja de raíz de jengibre, picada

225 g/8 oz de carne de cerdo magra, cortada en tiras

45 ml / 3 cucharadas de salsa de soja

15 ml / 1 cucharada de vino de arroz o jerez seco

5 ml / 1 cucharadita de sal

5 ml / 1 cucharadita de azúcar

pimienta negra fresca

15 ml / 1 cucharada de harina de maíz (almidón de maíz)

Escaldar los brotes de bambú y las castañas en agua hirviendo durante 2 minutos, luego escurrir y secar. Calentar 45 ml / 3 cucharadas de aceite y sofreír la cebolleta, el ajo y el jengibre hasta que estén ligeramente dorados. Agrega la carne de cerdo y sofríe por 4 minutos. Retirar de la sartén.

Calentar el aceite restante y sofreír las verduras durante 3 minutos. Agrega la carne de cerdo, la salsa de soja, el vino o jerez, la sal, el azúcar y una pizca de pimienta y cocina por 4 minutos. Mezclar la harina de maíz con un poco de agua, ponerla en una olla y cocinar a fuego lento, revolviendo hasta que la salsa espese.

plato de cerdo

para 4 personas

4 champiñones chinos secos

30 ml / 2 cucharadas de aceite de maní

2,5ml / ½ cucharadita de sal

4 cebolletas (cebolletas verdes), picadas

225 g/8 oz de carne de cerdo magra, cortada en tiras

15 ml / 1 cucharada de salsa de soja

5 ml / 1 cucharadita de azúcar

3 tallos de apio picados

1 cebolla, cortada en rodajas

100 g/4 oz de champiñones, cortados por la mitad

120 ml / 4 fl oz / ½ taza de caldo de pollo

Fideos fritos

Remojar los champiñones en agua tibia durante 30 minutos y luego escurrirlos. Deseche los tallos y corte la parte superior. Calentar el aceite y la sal y sofreír las cebolletas hasta que estén blandas. Agrega la carne de cerdo y sofríe hasta que esté ligeramente dorada. Mezcle la salsa de soja, el azúcar, el apio, la cebolla y los champiñones frescos y secos y saltee hasta que los ingredientes estén bien mezclados, aproximadamente 4 minutos. Agrega el caldo y cocina por 3 minutos. Agregue la mitad de los fideos a la sartén y revuelva suavemente, luego agregue los fideos restantes y revuelva hasta que estén completamente calientes.

Chow Mein de cerdo asado

para 4 personas

100 g/4 oz de brotes de soja

45 ml / 3 cucharadas de aceite de maní (maní)

100 g de bok choy, picado

225 g/8 oz de cerdo asado, en rodajas

5 ml / 1 cucharadita de sal

15 ml / 1 cucharada de vino de arroz o jerez seco

Hervir los brotes de soja en agua hirviendo durante 4 minutos y luego escurrirlos. Calentar el aceite y sofreír los brotes de soja y el repollo hasta que estén tiernos. Agregue la carne de cerdo, la sal y el jerez y saltee hasta que esté completamente caliente. Agregue la mitad de los fideos escurridos a la sartén y revuelva suavemente hasta que estén completamente calientes. Agregue los fideos restantes y revuelva hasta que estén bien calientes.

Cerdo con chutney

para 4 personas

5 ml / 1 cucharadita de cinco especias en polvo
5 ml / 1 cucharadita de curry en polvo
450 g / 1 libra de carne de cerdo, cortada en tiras
30 ml / 2 cucharadas de aceite de maní
6 cebolletas (cebolletas), cortadas en tiras
1 tallo de apio, cortado en tiras
100 g/4 oz de brotes de soja
1 frasco de 200 g/7 oz de pepinillo dulce chino, picado
45 ml / 3 cucharadas de mango encurtido
30 ml / 2 cucharadas de salsa de soja
30 ml / 2 cucharadas de puré de tomate (pasta)
150 ml / ¼ pt / generoso ½ taza de caldo de pollo
10 ml / 2 cucharaditas de harina de maíz (almidón de maíz)

Frote bien las especias en la carne de cerdo. Calienta el aceite y fríe la carne durante 8 minutos o hasta que esté cocida. Retirar de la sartén. Agrega las verduras a la sartén y sofríe durante 5 minutos. Regrese la carne de cerdo a la sartén con todos los ingredientes restantes excepto la harina de maíz.

Revuelva hasta que esté caliente. Mezclar la harina de maíz con un poco de agua en una cacerola y cocinar a fuego lento hasta que la salsa espese.

cerdo con pepino

para 4 personas

225 g/8 oz de carne de cerdo magra, cortada en tiras
30 ml / 2 cucharadas de harina común (para todo uso)
sal y pimienta negra recién molida
60 ml / 4 cucharadas de aceite de maní
225 g/8 oz de pepino, pelado y en rodajas
30 ml / 2 cucharadas de salsa de soja

Mezclar la carne de cerdo con la harina y sazonar con sal y pimienta. Calienta el aceite y fríe la carne de cerdo hasta que esté cocida, unos 5 minutos. Agrega el pepino y la salsa de soja y sofríe por otros 4 minutos. Comprobar y ajustar la sazón y servir con arroz frito.

Paquetes de cerdo crujiente

para 4 personas

4 champiñones chinos secos
30 ml / 2 cucharadas de aceite de maní
225 g/8 oz de lomo de cerdo cortado en cubitos (molido)
50 g/2 oz de camarones, pelados y picados
15 ml / 1 cucharada de salsa de soja
15 ml / 1 cucharada de harina de maíz (almidón de maíz)
30 ml / 2 cucharadas de agua
8 envoltorios de rollitos de primavera
100g / 4oz / 1 taza de harina de maíz (maicena)
Aceite para freír

Remojar los champiñones en agua tibia durante 30 minutos y luego escurrirlos. Deseche los tallos y pique finamente la parte superior. Calentar el aceite y sofreír los champiñones, el cerdo, los camarones y la salsa de soja durante 2 minutos. Mezcla la maicena y el agua hasta formar una pasta y agrégala a la mezcla para hacer el relleno.

Cortar los envoltorios en tiras, poner un poco de relleno al final de cada una y enrollarlos formando triángulos, cubriéndolos con un poco de mezcla de harina y agua. Espolvorea generosamente con harina de maíz. Calentar el aceite y freír los triángulos hasta que estén crujientes y dorados. Escurrir bien antes de servir.

Rollos de huevo de cerdo

para 4 personas

225 g/8 oz de carne de cerdo magra, picada
1 rodaja de raíz de jengibre, picada
1 cebolleta picada
15 ml / 1 cucharada de salsa de soja
15 ml / 1 cucharada de agua
12 pieles de rollito de huevo
1 huevo revuelto
Aceite para freír

Mezcla la carne de cerdo, el jengibre, la cebolla, la salsa de soja y el agua. Pon un poco del relleno en el centro de cada piel y pinta los bordes con huevo batido. Dobla los bordes hacia adentro y luego enrolla el rollito lejos de ti, sellando los bordes con el huevo. Cocine la carne de cerdo al vapor sobre una rejilla durante 30 minutos hasta que esté bien cocida. Calentar el aceite y freír unos minutos hasta que estén crujientes y doradas.

Rollitos de huevo con cerdo y camarones

para 4 personas

30 ml / 2 cucharadas de aceite de maní
225 g/8 oz de carne de cerdo magra, picada
6 cebolletas (cebolletas), picadas
225 g / 8 onzas de brotes de frijol
100 g/4 oz de camarones pelados y picados
15 ml / 1 cucharada de salsa de soja
2,5ml / ½ cucharadita de sal
12 pieles de rollito de huevo
1 huevo revuelto
Aceite para freír

Calentar el aceite y sofreír el cerdo y el cebollino hasta que estén ligeramente dorados. Mientras tanto, hervir los brotes de soja en agua hirviendo durante 2 minutos y escurrir. Agrega los brotes de soja a la sartén y saltea durante 1 minuto. Agrega los camarones, la salsa de soja y la sal y sofríe durante 2 minutos. Deja enfriar.

Coloca un poco de relleno en el centro de cada piel y pinta los bordes con huevo batido. Dobla los bordes hacia adentro y luego envuelve los rollitos, sellando los bordes con el huevo. Calentar el aceite y freír los rollitos hasta que estén crujientes y dorados.

Cerdo Estofado Con Huevo

para 4 personas
450 g/1 libra de carne magra de cerdo
30 ml / 2 cucharadas de aceite de maní
1 cebolla picada
90 ml / 6 cucharadas de salsa de soja
45 ml / 3 cucharadas de vino de arroz o jerez seco
15 ml / 1 cucharada de azúcar moreno
3 huevos escalfados (duros)

Poner a hervir una olla con agua, agregar la carne de cerdo, llevar nuevamente a ebullición y dejar hervir hasta que se apague. Retirar de la sartén, escurrir bien y luego cortar en cubos. Calentar el aceite y sofreír la cebolla hasta que esté blanda. Agrega la carne de cerdo y sofríe hasta que esté ligeramente dorada. Agrega la salsa de soja, el vino o jerez y el azúcar, tapa y cocina durante 30 minutos, revolviendo ocasionalmente. Marque ligeramente el exterior de los huevos, luego agréguelos a la sartén, cubra y hornee por otros 30 minutos.

cerdo ardiente

para 4 personas

450 g de lomo de cerdo cortado en tiras
30 ml / 2 cucharadas de salsa de soja
30 ml / 2 cucharadas de salsa hoisin
5 ml / 1 cucharadita de cinco especias en polvo
15 ml / 1 cucharada de pimienta
15 ml / 1 cucharada de azúcar moreno
15 ml / 1 cucharada de aceite de sésamo
30 ml / 2 cucharadas de aceite de maní
6 cebolletas (cebolletas), picadas
1 pimiento verde picado en trozos pequeños
200 g / 7 oz de brotes de soja
2 rodajas de piña, picadas

45 ml / 3 cucharadas de salsa de tomate (ketchup)
150 ml / ¼ pt / generoso ½ taza de caldo de pollo

Pon la carne en un bol. Mezcle la salsa de soja, la salsa hoisin, el polvo de cinco especias, la pimienta y el azúcar, vierta sobre la carne y deje marinar durante 1 hora. Calentar el aceite y sofreír la carne hasta que esté dorada. Retirar de la sartén. Agrega las verduras y sofríe durante 2 minutos. Agrega la piña, la salsa de tomate y el caldo y deja hervir. Regrese la carne a la sartén y caliéntela antes de servir.

filete de cerdo frito

para 4 personas

350 g / 12 oz de lomo de cerdo cortado en cubitos
15 ml / 1 cucharada de vino de arroz o jerez seco
15 ml / 1 cucharada de salsa de soja
5 ml / 1 cucharadita de aceite de sésamo
30 ml / 2 cucharadas de harina de maíz (almidón de maíz)
Aceite para freír

Mezcle la carne de cerdo, el vino o jerez, la salsa de soja, el aceite de sésamo y la harina de maíz para que la carne de cerdo quede cubierta con una pasta espesa. Calienta el aceite y fríe la carne de cerdo hasta que esté crujiente, unos 3 minutos. Retirar el cerdo de la sartén, recalentar el aceite y volver a freír durante unos 3 minutos.

cerdo cinco especias

para 4 personas

225 g/8 oz de carne magra de cerdo
5 ml / 1 cucharadita de harina de maíz (almidón de maíz)
2,5 ml / ½ cucharadita de cinco especias en polvo
2,5ml / ½ cucharadita de sal
15 ml / 1 cucharada de vino de arroz o jerez seco
20 ml / 2 cucharadas de aceite de maní
120 ml / 4 fl oz / ½ taza de caldo de pollo

Cortar la carne de cerdo a contrapelo en rodajas finas. Mezcle la carne de cerdo con harina de maíz, cinco especias en polvo, sal y vino o jerez y revuelva bien para cubrir la carne de cerdo.

Déjalo reposar durante 30 minutos, revolviendo ocasionalmente. Calentar el aceite, añadir la carne de cerdo y sofreír unos 3 minutos. Agrega el caldo, lleva a ebullición, tapa y cocina por 3 minutos. Servir inmediatamente.

Cerdo Frito Aromático

6 a 8 personas

1 cáscara de mandarina

45 ml / 3 cucharadas de aceite de maní (maní)

900 g / 2 lb de carne magra de cerdo, en cubitos

250 ml / 8 fl oz / 1 taza de vino de arroz o jerez seco

120 ml / 4 fl oz / ½ taza de salsa de soja

2,5 ml / ½ cucharadita de anís en polvo

½ rama de canela

4 dientes

5 ml / 1 cucharadita de sal

250 ml / 8 fl oz / 1 vaso de agua

2 cebollas verdes (cebolletas), en rodajas
1 rodaja de raíz de jengibre, picada

Mientras preparas el plato, remoja la cáscara de mandarina en agua. Calentar el aceite y sofreír el cerdo hasta que esté ligeramente dorado. Agrega vino o jerez, salsa de soja, anís en polvo, canela, clavo, sal y agua. Hervir, añadir la piel de mandarina, la cebolleta y el jengibre. Tape y cocine hasta que estén tiernos, aproximadamente 1½ horas, revolviendo ocasionalmente y agregando más agua hirviendo si es necesario. Retire las especias antes de servir.

Cerdo Picado Con Ajo

para 4 personas

450 g/1 libra de panceta de cerdo, sin piel
3 rodajas de raíz de jengibre
2 cebollas verdes (cebolletas), picadas
30 ml / 2 cucharadas de ajo picado
30 ml / 2 cucharadas de salsa de soja
5 ml / 1 cucharadita de sal
15 ml / 1 cucharada de caldo de pollo
2,5 ml / ½ cucharadita de aceite de chile
4 ramitas de cilantro

Coloca la carne en una olla con el jengibre y el cebollino, agrega suficiente agua para cubrir, lleva a ebullición y cocina por 30 minutos hasta que esté completamente cocida. Retirar y escurrir bien, luego cortar en rodajas finas de unos 5 cm/2 cuadrados. Coloca las rodajas en un colador de metal. Hierva una olla con agua, agregue las rodajas de cerdo y cocine por 3 minutos hasta que esté completamente caliente. Colóquelos en un plato para servir caliente. Mezclar el ajo, la salsa de soja, la sal, el caldo y el aceite de chile y verter sobre la carne. Servir adornado con cilantro.

Cerdo Asado Con Jengibre

para 4 personas

225 g/8 oz de carne magra de cerdo
5 ml / 1 cucharadita de harina de maíz (almidón de maíz)
30 ml / 2 cucharadas de salsa de soja
30 ml / 2 cucharadas de aceite de maní
1 rodaja de raíz de jengibre, picada
1 cebollín (cebolleta), en rodajas
45 ml / 3 cucharadas de agua
5 ml / 1 cucharadita de azúcar moreno

Cortar la carne de cerdo a contrapelo en rodajas finas. Agrega la harina de maíz, luego espolvorea con salsa de soja y mezcla nuevamente. Calentar el aceite y freír el cerdo durante 2 minutos hasta que esté dorado. Agrega el jengibre y la cebolleta y sofríe durante 1 minuto. Agregue agua y azúcar, cubra y cocine hasta que esté cocido, aproximadamente 5 minutos.

Cerdo con Judías Verdes

para 4 personas

1 libra/450 g de judías verdes, cortadas en trozos

30 ml / 2 cucharadas de aceite de maní

2,5ml / ½ cucharadita de sal

1 rodaja de raíz de jengibre, picada

225 g/8 oz de carne de cerdo magra, picada (molida)

120 ml / 4 fl oz / ½ taza de caldo de pollo

75 ml / 5 cucharadas de agua

2 huevos

15 ml / 1 cucharada de harina de maíz (almidón de maíz)

Hervir los frijoles durante unos 2 minutos y luego escurrirlos. Calentar el aceite y sofreír la sal y el jengibre unos segundos. Agrega la carne de cerdo y sofríe hasta que esté ligeramente dorada. Agrega los frijoles y saltea, cubriendo con aceite, durante 30 segundos. Agrega el caldo, lleva a ebullición, tapa y cocina por 2 minutos. Batir los huevos con 30 ml / 2 cucharadas de agua y añadirlos a la sartén. Mezclar el agua restante con la harina de maíz. Cuando los huevos comiencen a cuajar, agregue la maicena y cocine hasta que la mezcla espese. Servir inmediatamente.

Cerdo con Jamón y Tofu

para 4 personas

4 champiñones chinos secos
5 ml / 1 cucharadita de aceite de maní
100 g/4 oz de jamón ahumado, en rodajas
8 onzas/225 g de tofu, en rodajas
225 g de carne magra de cerdo, en rodajas
15 ml / 1 cucharada de vino de arroz o jerez seco

sal y pimienta negra recién molida
1 rodaja de raíz de jengibre, picada
1 cebollín (cebolleta), picado
10 ml / 2 cucharaditas de harina de maíz (almidón de maíz)
30 ml / 2 cucharadas de agua

Remojar los champiñones en agua tibia durante 30 minutos y luego escurrirlos. Deseche los tallos y corte la parte superior por la mitad. Frote un recipiente resistente al calor con aceite de maní. Coloque los champiñones, el jamón, el tofu y la carne de cerdo en el plato, con la carne de cerdo encima. Espolvorea con vino o jerez, sal y pimienta, jengibre y cebollino. Cubra y cocine al vapor sobre una rejilla sobre agua hirviendo hasta que esté bien cocido, aproximadamente 45 minutos. Vierta la salsa del bol sin mezclar los ingredientes. Agregue suficiente agua para preparar 250 ml / 8 fl oz / 1 taza. Mezcle la harina de maíz y el agua y agregue a la salsa. Transfiera al tazón y cocine, revolviendo, hasta que la salsa se adelgace y espese. Coloque la mezcla de carne de cerdo en una fuente caliente, vierta sobre la salsa y sirva.

Brochetas De Cerdo Estofadas

para 4 personas

1 libra/450 g de lomo de cerdo, en rodajas finas
100 g/4 oz de jamón cocido, en rodajas finas
6 castañas de agua, en rodajas finas

30 ml / 2 cucharadas de salsa de soja

30 ml / 2 cucharadas de vinagre de vino

15 ml / 1 cucharada de azúcar moreno

15 ml / 1 cucharada de salsa de ostras

unas gotas de aceite de chile

45 ml / 3 cucharadas de harina de maíz (almidón de maíz)

30 ml / 2 cucharadas de vino de arroz o jerez seco

2 huevos revueltos

Aceite para freír

Ensartar alternativamente la carne de cerdo, el jamón y las castañas de agua en brochetas pequeñas. Mezcle la salsa de soja, el vinagre de vino, el azúcar, la salsa de ostras y el aceite de chile. Vierte sobre las brochetas, tapa y deja marinar en el frigorífico durante 3 horas. Mezcla la harina de maíz, el vino o jerez y los huevos hasta obtener una masa suave y espesa. Voltee las brochetas en la masa para cubrirlas. Calentar el aceite y sofreír las brochetas hasta que se doren ligeramente.

Paletilla de cerdo frita con salsa roja

para 4 personas

1 paleta de cerdo grande

1 l / 1½ puntos / 4¼ tazas de agua hirviendo

5 ml / 1 cucharadita de sal

120 ml / 4 fl oz / ½ taza de vinagre de vino

120 ml / 4 fl oz / ½ taza de salsa de soja

45 ml / 3 cucharadas de miel

5 ml / 1 cucharadita de bayas de enebro

5 ml / 1 cucharadita de anís

5 ml / 1 cucharadita de cilantro

60 ml / 4 cucharadas de aceite de maní

6 cebollines (cebolletas), en rodajas

2 zanahorias, en rodajas finas

1 tallo de apio, rebanado

45 ml / 3 cucharadas de salsa hoisin

30 ml / 2 cucharadas de mango encurtido

75 ml / 5 cucharadas de puré de tomate (pasta)

1 diente de ajo machacado

60 ml / 4 cucharadas de cebollino picado

Hervir el codillo de cerdo con agua, sal, vinagre de vino, 45 ml / 3 cucharadas de salsa de soja, miel y especias. Agregue las verduras, vuelva a hervir, cubra y cocine hasta que la carne esté tierna, aproximadamente 1,5 horas. Retire la carne y las verduras de la sartén, separe la carne de los huesos y córtela en cubos. Calentar el aceite y sofreír la carne hasta que esté dorada. Agrega las verduras y sofríe durante 5 minutos. Agregue el resto de la salsa de soja, la salsa hoisin, el chutney, el puré de tomate y el ajo. Llevar a ebullición, revolver y luego cocinar durante 3 minutos. Sirva espolvoreado con cebollino.

cerdo marinado

para 4 personas

450 g/1 libra de carne magra de cerdo

1 rodaja de raíz de jengibre, picada
1 diente de ajo machacado
90 ml / 6 cucharadas de salsa de soja
15 ml / 1 cucharada de vino de arroz o jerez seco
45 ml / 3 cucharadas de aceite de maní (maní)
1 cebollín (cebolleta), en rodajas
15 ml / 1 cucharada de azúcar moreno
pimienta negra fresca

Mezclar la carne de cerdo con jengibre, ajo, 30 ml / 2 cucharadas de salsa de soja y vino o jerez. Déjelo reposar durante 30 minutos, revolviendo ocasionalmente, luego retire la carne de la marinada. Calentar el aceite y sofreír el cerdo hasta que esté ligeramente dorado. Agregue las cebolletas, el azúcar, el resto de la salsa de soja y una pizca de pimiento morrón, cubra y cocine a fuego lento hasta que la carne de cerdo esté bien cocida, aproximadamente 45 minutos. Cortar el cerdo en cubos y servir.

Chuletas de cerdo marinadas

para 6

6 chuletas de cerdo

1 rodaja de raíz de jengibre, picada

1 diente de ajo machacado

90 ml / 6 cucharadas de salsa de soja

30 ml / 2 cucharadas de vino de arroz o jerez seco

45 ml / 3 cucharadas de aceite de maní (maní)

2 cebollas verdes (cebolletas), picadas

15 ml / 1 cucharada de azúcar moreno

pimienta negra fresca

Cortar el hueso de la chuleta de cerdo y cortar la carne en cubos. Mezclar el jengibre, el ajo, 30ml / 2 cucharadas de salsa de soja y el vino o jerez, verter sobre la carne y dejar marinar durante 30 minutos, revolviendo de vez en cuando. Retire la carne de la marinada. Calentar el aceite y sofreír el cerdo hasta que esté ligeramente dorado. Agrega el cebollino y sofríe durante 1 minuto. Mezclar el resto de la salsa de soja con el azúcar y una pizca de pimienta negra. Agregue la salsa, hierva, cubra y cocine hasta que la carne de cerdo esté tierna, aproximadamente 30 minutos.

cerdo con champiñones

para 4 personas

25 g/1 oz de champiñones chinos secos
30 ml / 2 cucharadas de aceite de maní
1 diente de ajo picado
225 g/8 oz de carne magra de cerdo, en rodajas
4 cebolletas (cebolletas verdes), picadas
15 ml / 1 cucharada de salsa de soja
15 ml / 1 cucharada de vino de arroz o jerez seco
5 ml / 1 cucharadita de aceite de sésamo

Remojar los champiñones en agua tibia durante 30 minutos y luego escurrirlos. Deseche los tallos y corte la parte superior. Calentar el aceite y sofreír los ajos hasta que estén ligeramente dorados. Agrega la carne de cerdo y fríe hasta que esté dorada. Agregue cebolletas, champiñones, salsa de soja y vino o jerez y saltee durante 3 minutos. Agrega aceite de sésamo y sirve inmediatamente.

empanadillas al vapor

para 4 personas

450 g / 1 libra de carne de cerdo picada (molida)
4 castañas de agua, finamente picadas
225 g/8 oz de champiñones, finamente picados
5 ml / 1 cucharadita de salsa de soja
sal y pimienta negra recién molida
1 huevo, ligeramente batido

Mezclar bien todos los ingredientes y darle forma de torta plana a la mezcla en un recipiente apto para horno. Coloque el plato sobre la rejilla de la vaporera, cubra y cocine al vapor durante 1 ½ horas.

Cerdo rojo al horno con champiñones

para 4 personas

450 g/1 libra de carne de cerdo magra, en cubitos

250 ml / 8 fl oz / 1 vaso de agua

15 ml / 1 cucharada de salsa de soja

15 ml / 1 cucharada de vino de arroz o jerez seco

5 ml / 1 cucharadita de azúcar

5 ml / 1 cucharadita de sal

225 g/8 oz de champiñones

Coloque la carne de cerdo y el agua en una olla y hierva el agua. Tapar y cocinar por 30 minutos, luego escurrir y reservar el agua. Regrese la carne de cerdo a la sartén y agregue la salsa de soja. Cocine a fuego lento, revolviendo hasta que se absorba la salsa de soja. Añade vino o jerez, azúcar y sal. Vierta el caldo reservado, lleve a ebullición, cubra y cocine a fuego lento la carne, volteándola ocasionalmente, durante unos 30 minutos. Agrega los champiñones y cocina por otros 20 minutos.

Panqueque De Fideos Con Cerdo

para 4 personas

30 ml / 2 cucharadas de aceite de maní

5 ml / 2 cucharaditas de sal

225 g/8 oz de carne de cerdo magra, cortada en tiras

225 g/8 oz de bok choy, rallado

100 g/4 oz de brotes de bambú, triturados

100 g de champiñones, en rodajas finas

150 ml / ¼ pt / generoso ½ taza de caldo de pollo

10 ml / 2 cucharaditas de harina de maíz (almidón de maíz)

15 ml / 1 cucharada de vino de arroz o jerez seco

15 ml / 1 cucharada de agua

panqueque de fideos

Calentar el aceite y la sal y sofreír el cerdo hasta que adquiera un color claro. Añade la col, los brotes de bambú y las setas y sofríe durante 1 minuto. Agrega el caldo, deja hervir, tapa y cocina por 4 minutos hasta que la carne de cerdo esté bien cocida. Muela la harina de maíz con vino o jerez y agua hasta obtener una pasta, revuelva en la sartén y cocine a fuego lento, revolviendo, hasta que la salsa se adelgace y espese. Para servir, vierta sobre el panqueque de fideos.

Panqueque De Cerdo Y Camarones Con Fideos

para 4 personas

30 ml / 2 cucharadas de aceite de maní

5 ml / 1 cucharadita de sal

4 cebolletas (cebolletas verdes), picadas

1 diente de ajo machacado

225 g/8 oz de carne de cerdo magra, cortada en tiras

100 g/4 oz de champiñones, rebanados

4 tallos de apio, rebanados

225 g/8 oz de camarones pelados

30 ml / 2 cucharadas de salsa de soja

10 ml / 1 cucharadita de harina de maíz (almidón de maíz)

45 ml / 3 cucharadas de agua

panqueque de fideos

Calentar el aceite y la sal y sofreír la cebolleta y el ajo hasta que estén tiernos. Agrega la carne de cerdo y sofríe hasta que esté ligeramente dorada. Agrega los champiñones y el apio y sofríe durante 2 minutos. Agregue los camarones, espolvoree con salsa de soja y revuelva hasta que estén bien calientes. Mezcle la harina de maíz y el agua hasta formar una pasta, revuelva en la sartén y cocine a fuego lento, revolviendo, hasta que se dore. Para servir, vierta sobre el panqueque de fideos.

Cerdo con Salsa de Ostras

Para 4 a 6 porciones

450 g/1 libra de carne magra de cerdo
15 ml / 1 cucharada de harina de maíz (almidón de maíz)
10 ml / 2 cucharaditas de vino de arroz o jerez seco
una pizca de azúcar
45 ml / 3 cucharadas de aceite de maní (maní)
10 ml / 2 cucharaditas de agua
30 ml / 2 cucharadas de salsa de ostras
pimienta negra fresca
1 rodaja de raíz de jengibre, picada
60 ml / 4 cucharadas de caldo de pollo

Cortar la carne de cerdo a contrapelo en rodajas finas. Mezclar 5 ml/1 cucharadita de harina de maíz con vino o jerez, azúcar y 5 ml/1 cucharadita de aceite, añadir a la carne de cerdo y mezclar bien para cubrir. Mezclar el resto de la maicena con el agua, la salsa de ostras y una pizca de pimienta. Calentar el aceite restante y sofreír el jengibre durante 1 minuto. Agrega la carne de cerdo y sofríe hasta que esté ligeramente dorada.

Agregue el caldo y la mezcla de salsa de ostras y agua, deje hervir, cubra y cocine por 3 minutos.

cerdo con maní

para 4 personas

450 g/1 libra de carne de cerdo magra, en cubitos
15 ml / 1 cucharada de harina de maíz (almidón de maíz)
5 ml / 1 cucharadita de sal
1 clara de huevo
3 cebolletas (cebolletas), picadas
1 diente de ajo picado
1 rodaja de raíz de jengibre, picada
45 ml / 3 cucharadas de caldo de pollo
15 ml / 1 cucharada de vino de arroz o jerez seco
15 ml / 1 cucharada de salsa de soja
10 ml / 2 cucharaditas de melaza negra
45 ml / 3 cucharadas de aceite de maní (maní)
½ pepino, picado
25 g / 1 oz / ¼ taza de maní sin cáscara
5 ml / 1 cucharadita de aceite de chile

Mezcle la carne de cerdo con la mitad de la maicena, la sal y las claras de huevo y revuelva bien para cubrir la carne.

Mezclar el resto de la harina de maíz con las cebolletas, el ajo, el jengibre, el caldo, el vino o jerez, la salsa de soja y la melaza. Calentar el aceite y freír la carne de cerdo hasta que esté ligeramente dorada, luego retirarla de la sartén. Agrega el pepino a la sartén y sofríe unos minutos. Regrese la carne de cerdo a la sartén y revuelva suavemente. Agregue la mezcla de especias, deje hervir y cocine, revolviendo, hasta que la salsa se adelgace y espese. Agregue el aceite de maní y chile y caliente justo antes de servir.

cerdo con pimienta

para 4 personas

45 ml / 3 cucharadas de aceite de maní (maní)
225 g/8 oz de carne de cerdo magra, en cubitos
1 cebolla picada en cubitos
2 pimientos verdes, picados
½ hojas chinas, picadas
1 rodaja de raíz de jengibre, picada
15 ml / 1 cucharada de salsa de soja
15ml / 1 cucharada de azúcar
2,5ml / ½ cucharadita de sal

Calienta el aceite y fríe la carne de cerdo hasta que esté dorada, unos 4 minutos. Agrega la cebolla y sofríe durante aproximadamente 1 minuto. Agrega los pimientos y sofríe por 1 minuto. Agrega las hojas chinas y sofríe por 1 minuto. Mezcle los ingredientes restantes, agréguelos nuevamente a la sartén y saltee por otros 2 minutos.

Cerdo picante con encurtidos

para 4 personas

900 g de chuleta de cerdo
30 ml / 2 cucharadas de harina de maíz (almidón de maíz)
45 ml / 3 cucharadas de salsa de soja
30 ml / 2 cucharadas de jerez dulce
5 ml / 1 cucharadita de raíz de jengibre rallada
2,5 ml / ½ cucharadita de cinco especias en polvo
una pizca de pimienta recién molida
Aceite para freír
60 ml / 4 cucharadas de caldo de pollo
verduras chinas encurtidas

Cortar las chuletas desechando toda la grasa y los huesos. Mezcle la harina de maíz, 30 ml/2 cucharadas de salsa de soja, jerez, jengibre, cinco especias en polvo y pimienta negra. Vierta sobre la carne de cerdo y revuelva para cubrir completamente. Cubra y deje marinar durante 2 horas, volteando ocasionalmente. Calentar el aceite y freír la carne de cerdo hasta que esté dorada y bien cocida. Escurrir sobre toallas de papel. Corte la carne de cerdo en rodajas gruesas, transfiérala a una fuente para servir tibia y manténgala caliente. Combine el caldo y la salsa de soja restante en una cacerola pequeña. Hervir y verter sobre las lonchas de cerdo. Sirva adornado con pepinillos mixtos.

Cerdo con Salsa de Ciruelas

para 4 personas

450 g/1 libra de cerdo guisado, cortado en cubitos

2 dientes de ajo machacados

sal

60 ml / 4 cucharadas de salsa de tomate (ketchup)

30 ml / 2 cucharadas de salsa de soja

45 ml / 3 cucharadas de salsa de ciruela

5 ml / 1 cucharadita de curry en polvo

5 ml / 1 cucharadita de pimiento rojo

2,5 ml / ½ cucharadita de pimienta recién molida

45 ml / 3 cucharadas de aceite de maní (maní)

6 cebolletas (cebolletas), cortadas en tiras

4 zanahorias, cortadas en tiras

Marina la carne con ajo, sal, salsa de tomate, salsa de soja, salsa de ciruela, curry en polvo, pimentón y pimienta negra durante 30 minutos. Calentar el aceite y sofreír la carne hasta que esté ligeramente dorada. Retirar del wok. Agrega las verduras al aceite y fríe hasta que estén blandas. Regrese la carne a la sartén y vuelva a calentarla suavemente antes de servir.

Cerdo con Camarones

6 a 8 personas

900 g / 2 lb de carne magra de cerdo
30 ml / 2 cucharadas de aceite de maní
1 cebolla en rodajas
1 cebollín (cebolleta), picado
2 dientes de ajo machacados
30 ml / 2 cucharadas de salsa de soja
50 g/2 oz de camarones pelados y picados
(suelo)
600 ml / 1 punto / 2½ tazas de agua hirviendo
15ml / 1 cucharada de azúcar

Llevar a ebullición agua en una olla, agregar la carne de cerdo, tapar y cocinar por 10 minutos. Retirar de la sartén y escurrir bien, luego cortar en cubos. Calentar el aceite y sofreír la cebolla, la cebolleta y el ajo hasta que estén ligeramente dorados. Agrega la carne de cerdo y sofríe hasta que esté ligeramente dorada. Agrega la salsa de soja y los camarones y sofríe por 1 minuto. Agrega agua hirviendo y azúcar, tapa y cocina hasta que la carne de cerdo esté tierna, unos 40 minutos.

cerdo rojo cocido

para 4 personas

1½ lbs/675 g de carne de cerdo magra, en cubitos
250 ml / 8 fl oz / 1 vaso de agua
1 rodaja de raíz de jengibre, triturada
60 ml / 4 cucharadas de salsa de soja
15 ml / 1 cucharada de vino de arroz o jerez seco
5 ml / 1 cucharadita de sal
10 ml / 2 cucharaditas de azúcar moreno

Coloque la carne de cerdo y el agua en una olla y hierva el agua. Agrega el jengibre, la salsa de soja, el jerez y la sal, tapa y cocina a fuego lento durante 45 minutos. Agrega el azúcar, voltea la carne, tapa y cocina por otros 45 minutos hasta que la carne de cerdo esté tierna.

Cerdo con Salsa Roja

para 4 personas

30 ml / 2 cucharadas de aceite de maní
225 g/8 oz de riñón de cerdo, cortado en tiras
450 g / 1 libra de carne de cerdo, cortada en tiras
1 cebolla en rodajas
4 cebolletas (cebolletas verdes), cortadas en tiras
2 zanahorias, cortadas en tiras
1 tallo de apio, cortado en tiras
1 pimiento rojo cortado en tiras
45 ml / 3 cucharadas de salsa de soja
45 ml / 3 cucharadas de vino blanco seco
300 ml / ½ pt / 1¼ taza de caldo de pollo
30 ml / 2 cucharadas de salsa de ciruela
30 ml / 2 cucharadas de vinagre de vino

5 ml / 1 cucharadita de cinco especias en polvo
5 ml / 1 cucharadita de azúcar moreno
15 ml / 1 cucharada de harina de maíz (almidón de maíz)
15 ml / 1 cucharada de agua

Calentar el aceite y sofreír los riñones durante 2 minutos, luego retirarlos de la sartén. Vuelve a calentar el aceite y fríe el cerdo hasta que esté ligeramente dorado. Agrega las verduras y sofríe durante 3 minutos. Agregue la salsa de soja, el vino, el caldo, la salsa de ciruela, el vinagre de vino, las cinco especias en polvo y el azúcar, deje hervir, cubra y cocine durante 30 minutos hasta que esté cocido. Agrega los riñones. Mezcla la harina de maíz y el agua y ponla en la olla. Llevar a ebullición y cocinar, revolviendo, hasta que la salsa espese.

Cerdo con Fideos de Arroz

para 4 personas

4 champiñones chinos secos

100 g/4 oz de fideos de arroz

225 g/8 oz de carne de cerdo magra, cortada en tiras

15 ml / 1 cucharada de harina de maíz (almidón de maíz)

15 ml / 1 cucharada de salsa de soja

15 ml / 1 cucharada de vino de arroz o jerez seco

45 ml / 3 cucharadas de aceite de maní (maní)

2,5ml / ½ cucharadita de sal

1 rodaja de raíz de jengibre, picada

2 tallos de apio picados

120 ml / 4 fl oz / ½ taza de caldo de pollo

2 cebollas verdes (cebolletas), en rodajas

Remojar los champiñones en agua tibia durante 30 minutos y luego escurrirlos. Deseche los tallos y corte la parte superior. Remojar los fideos en agua tibia durante 30 minutos, escurrir y cortar en trozos de 5 cm / 2, poner el cerdo en un bol. Combine la harina de maíz, la salsa de soja y el vino o jerez, vierta sobre la carne de cerdo y revuelva para cubrir. Calentar el aceite y sofreír la sal y el jengibre unos segundos. Agrega la carne de cerdo y sofríe hasta que esté ligeramente dorada. Agrega los champiñones y el apio y sofríe durante 1 minuto. Agrega el caldo, lleva a ebullición, tapa y cocina por 2 minutos. Agrega los fideos y calienta por 2 minutos. Agregue cebollino y sirva inmediatamente.

ricas bolitas de cerdo

para 4 personas

450 g / 1 libra de carne de cerdo picada (molida)

100 g/4 oz de tofu, triturado

4 castañas de agua, finamente picadas

sal y pimienta negra recién molida

120 ml / 4 fl oz / ½ taza de aceite de maní (maní)

1 rodaja de raíz de jengibre, picada

600 ml / 1 pt / 2½ tazas de caldo de pollo

15 ml / 1 cucharada de salsa de soja

5 ml / 1 cucharadita de azúcar moreno

5 ml / 1 cucharadita de vino de arroz o jerez seco

Mezcla la carne de cerdo, el tofu y las castañas y sazona con sal y pimienta. Formar bolitas grandes. Calentar el aceite y freír las bolas de cerdo hasta que estén doradas por todos lados, luego retirar de la sartén. Escurrir todo menos 15 ml/1 cucharada de aceite y añadir jengibre, caldo, salsa de soja, azúcar y vino o jerez. Regrese las bolas de cerdo a la sartén, déjelas hervir y cocine por 20 minutos hasta que estén bien cocidas.

chuleta de cerdo asada

para 4 personas

4 chuletas de cerdo

75 ml / 5 cucharadas de salsa de soja

Aceite para freír

100 g/4 oz de palitos de apio

3 cebolletas (cebolletas), picadas

1 rodaja de raíz de jengibre, picada

15 ml / 1 cucharada de vino de arroz o jerez seco

120 ml / 4 fl oz / ½ taza de caldo de pollo

sal y pimienta negra recién molida

5 ml / 1 cucharadita de aceite de sésamo

Sumerja las chuletas de cerdo en salsa de soja hasta que estén bien cubiertas. Calentar el aceite y sofreír las chuletas hasta que estén doradas. Retirar y escurrir bien. Coloque el apio en el fondo de una fuente para hornear poco profunda. Espolvorea con cebolletas y jengibre y coloca las chuletas de cerdo encima. Vierta sobre el vino o jerez y el caldo y sazone con sal y pimienta. Espolvorea con aceite de sésamo. Ase en el horno precalentado a 200°C/400°C/termostato 6 durante 15 minutos.

cerdo picante

para 4 personas

1 pepino en cubos

sal

450 g/1 libra de carne de cerdo magra, en cubitos

5 ml / 1 cucharadita de sal

45 ml / 3 cucharadas de salsa de soja

30 ml / 2 cucharadas de vino de arroz o jerez seco

30 ml / 2 cucharadas de harina de maíz (almidón de maíz)

15 ml / 1 cucharada de azúcar moreno

60 ml / 4 cucharadas de aceite de maní
1 rodaja de raíz de jengibre, picada
1 diente de ajo picado
1 pimiento rojo, sin semillas y picado
60 ml / 4 cucharadas de caldo de pollo

Espolvorea el pepino con sal y reserva. Mezclar la carne de cerdo, la sal, 15 ml/1 cucharada de salsa de soja, 15 ml/1 cucharada de vino o jerez, 15 ml/1 cucharada de maicena, el azúcar moreno y 15 ml/1 cucharada de aceite. Déjalo reposar por 30 minutos y luego retira la carne de la marinada. Calentar el aceite restante y sofreír la carne de cerdo hasta que esté ligeramente dorada. Agrega el jengibre, el ajo y el pimiento rojo y sofríe durante 2 minutos. Agrega el pepino y sofríe durante 2 minutos. Revuelva la marinada con el caldo y el resto de la salsa de soja, el vino o jerez y la harina de maíz. Agregue esto a la sartén y deje hervir, revolviendo. Revuelva hasta que la salsa se adelgace y espese y continúe cocinando a fuego lento hasta que la carne esté completamente cocida.

Rebanadas de cerdo resbaladizas

para 4 personas

225 g de carne magra de cerdo, en rodajas

2 claras de huevo

15 ml / 1 cucharada de harina de maíz (almidón de maíz)

45 ml / 3 cucharadas de aceite de maní (maní)

50 g / 2 oz de brotes de bambú, en rodajas

6 cebolletas (cebolletas), picadas

2,5ml / ½ cucharadita de sal

15 ml / 1 cucharada de vino de arroz o jerez seco

150 ml / ¼ pt / generoso ½ taza de caldo de pollo

Mezcle la carne de cerdo con las claras de huevo y la maicena hasta que esté bien cubierta. Calentar el aceite y freír la carne de cerdo hasta que esté ligeramente dorada, luego retirarla de la sartén. Añade los brotes de bambú y las cebolletas y sofríe durante 2 minutos. Regrese la carne de cerdo a la sartén con sal, vino o jerez y caldo de pollo. Llevar a ebullición y cocinar a fuego lento, revolviendo, hasta que la carne de cerdo esté bien cocida, 4 minutos.

Cerdo con Espinacas y Zanahorias

para 4 personas

225 g/8 oz de carne magra de cerdo

2 zanahorias, cortadas en tiras

225 g / 8 onzas de espinacas

45 ml / 3 cucharadas de aceite de maní (maní)

1 cebollino (cebolleta), finamente picado

15 ml / 1 cucharada de salsa de soja

2,5ml / ½ cucharadita de sal

10 ml / 2 cucharaditas de harina de maíz (almidón de maíz)

30 ml / 2 cucharadas de agua

Corta la carne de cerdo en rodajas finas y luego córtala en tiras. Hervir las zanahorias durante unos 3 minutos y luego escurrirlas. Corta las hojas de espinaca por la mitad. Calentar el aceite y sofreír la cebolleta hasta que esté transparente. Agrega la carne de cerdo y sofríe hasta que esté ligeramente dorada. Agrega las zanahorias y la salsa de soja y sofríe durante 1 minuto. Agregue sal y espinacas y fría hasta que se ablanden, aproximadamente 30 segundos. Mezcle la harina de maíz y el agua hasta formar una pasta, agregue la salsa y saltee hasta que esté transparente y sirva inmediatamente.

cerdo al vapor

para 4 personas

450 g/1 libra de carne de cerdo magra, en cubitos
120 ml / 4 fl oz / ½ taza de salsa de soja
120 ml / 4 fl oz / ½ taza de vino de arroz o jerez seco
15 ml / 1 cucharada de azúcar moreno

Mezclar todos los ingredientes y colocar en un recipiente resistente al calor. Cocine al vapor sobre una rejilla sobre agua hirviendo hasta que esté bien cocido, aproximadamente 1½ horas.

cerdo frito

para 4 personas

25 g/1 oz de champiñones chinos secos
15 ml / 1 cucharada de aceite de maní
450 g/1 libra de carne magra de cerdo, en rodajas
1 pimiento verde picado en cubitos
15 ml / 1 cucharada de salsa de soja
15 ml / 1 cucharada de vino de arroz o jerez seco
5 ml / 1 cucharadita de sal
5 ml / 1 cucharadita de aceite de sésamo

Remojar los champiñones en agua tibia durante 30 minutos y luego escurrirlos. Deseche los tallos y corte la parte superior. Calentar el aceite y sofreír el cerdo hasta que esté ligeramente dorado. Agrega el pimiento morrón y sofríe por 1 minuto. Añade las setas, la salsa de soja, el vino o jerez y la sal y sofríe unos minutos hasta que la carne esté cocida. Agregue aceite de sésamo antes de servir.

Cerdo con batatas

para 4 personas

Aceite para freír
2 batatas grandes, en rodajas
30 ml / 2 cucharadas de aceite de maní
1 pieza de raíz de jengibre, en rodajas
1 cebolla en rodajas
450 g/1 libra de carne de cerdo magra, en cubitos
15 ml / 1 cucharada de salsa de soja
2,5ml / ½ cucharadita de sal
pimienta negra fresca
250 ml / 8 fl oz / 1 taza de caldo de pollo
30 ml / 2 cucharadas de curry en polvo

Calentar el aceite y sofreír los boniatos hasta que estén dorados. Retirar de la sartén y escurrir bien. Calentar aceite de maní y sofreír el jengibre y la cebolla hasta que estén ligeramente dorados. Agrega la carne de cerdo y sofríe hasta que esté ligeramente dorada. Agrega la salsa de soja, la sal y una pizca de pimienta negra, luego agrega el caldo y el curry en polvo, deja hervir y cocina, revolviendo, durante 1 minuto. Agrega las patatas, tapa y cocina a fuego lento durante 30 minutos hasta que la carne de cerdo esté bien cocida.

cerdo agridulce

para 4 personas

450 g/1 libra de carne de cerdo magra, en cubitos
15 ml / 1 cucharada de vino de arroz o jerez seco
15 ml / 1 cucharada de aceite de maní
5 ml / 1 cucharadita de curry en polvo
1 huevo revuelto
sal
100g / 4oz de harina de maíz (maicena)
Aceite para freír
1 diente de ajo machacado
75 g / 3 oz / ½ taza de azúcar
50 g/2 oz de salsa de tomate (ketchup)
5 ml / 1 cucharadita de vinagre de vino
5 ml / 1 cucharadita de aceite de sésamo

Mezclar el cerdo con vino o jerez, aceite, curry en polvo, huevo y un poco de sal. Agregue harina de maíz hasta que la carne de cerdo esté cubierta con masa. Calienta el aceite hasta que se evapore y luego agrega los cubos de cerdo unas cuantas veces. Freír unos 3 minutos, escurrir y reservar. Vuelve a calentar el aceite y vuelve a freír los dados durante unos 2 minutos. Retirar y escurrir. Calentar el ajo, el azúcar, la salsa de tomate y el vinagre de vino, revolviendo hasta que el azúcar se disuelva. Llevar a ebullición, luego agregar los cubos de cerdo y mezclar bien. Agrega aceite de sésamo y sirve.

carne de cerdo salada

para 4 personas

30 ml / 2 cucharadas de aceite de maní
450 g / 1 libra de carne de cerdo magra, en cubitos
3 cebolletas (cebolletas), en rodajas
2 dientes de ajo machacados
1 rodaja de raíz de jengibre, picada
250 ml / 8 fl oz / 1 taza de salsa de soja
30 ml / 2 cucharadas de vino de arroz o jerez seco
30 ml / 2 cucharadas de azúcar moreno
5 ml / 1 cucharadita de sal
600 ml / 1 punto / 2½ vasos de agua

Calentar el aceite y sofreír el cerdo hasta que esté dorado. Escurrir el exceso de aceite, añadir la cebolleta, el ajo y el jengibre y sofreír durante 2 minutos. Agrega la salsa de soja, el vino o jerez, el azúcar y la sal y mezcla bien. Agrega agua, lleva a ebullición, tapa y cocina por 1 hora.

cerdo con tofu

para 4 personas

450 g/1 libra de carne magra de cerdo

45 ml / 3 cucharadas de aceite de maní (maní)

1 cebolla en rodajas

1 diente de ajo machacado

8 oz/225 g de tofu, cortado en cubitos

375 ml / 13 fl oz / 1½ tazas de caldo de pollo

15 ml / 1 cucharada de azúcar moreno

60 ml / 4 cucharadas de salsa de soja

2,5ml / ½ cucharadita de sal

Coloca la carne de cerdo en una olla y cúbrela con agua. Llevar a ebullición y luego cocinar durante 5 minutos. Escurrir y dejar enfriar, luego cortar en cubos.

Calentar el aceite y sofreír la cebolla y el ajo hasta que estén ligeramente dorados. Agrega la carne de cerdo y sofríe hasta que esté ligeramente dorada. Agregue el tofu y revuelva suavemente hasta que esté cubierto de aceite. Agregue el caldo, el azúcar, la salsa de soja y la sal, hierva, cubra y cocine hasta que la carne de cerdo esté tierna, aproximadamente 40 minutos.

cerdo asado

para 4 personas

225 g/8 oz de lomo de cerdo, en cubos

1 clara de huevo

30 ml / 2 cucharadas de vino de arroz o jerez seco

sal

225 g de harina de maíz (almidón de maíz)

Aceite para freír

Mezclar la carne de cerdo con las claras, el vino o jerez y un poco de sal. Agregue gradualmente suficiente harina de maíz para hacer una masa espesa. Calentar el aceite y sofreír el cerdo hasta que esté dorado y crujiente por fuera y tierno por dentro.

cerdo dos veces cocido

para 4 personas

225 g/8 oz de carne magra de cerdo
45 ml / 3 cucharadas de aceite de maní (maní)
2 pimientos verdes, cortados en trozos
2 dientes de ajo picado
2 cebollas verdes (cebolletas), en rodajas
15 ml / 1 cucharada de salsa chutney
15 ml / 1 cucharada de caldo de pollo
5 ml / 1 cucharadita de azúcar

Coloca la carne de cerdo en una olla, agrega suficiente agua para cubrirla, lleva a ebullición y cocina por 20 minutos hasta que esté cocida. Retirar y escurrir y dejar enfriar. Cortar en rodajas finas.

Calentar el aceite y sofreír el cerdo hasta que esté ligeramente dorado. Agrega el pimiento, el ajo y la cebolleta y sofríe durante 2 minutos. Retirar de la sartén. Agregue la salsa de frijoles, el caldo y el azúcar a la sartén y cocine, revolviendo, durante 2 minutos. Devuelva la carne de cerdo y los pimientos y saltee hasta que estén bien calientes. Servir de inmediato.

Cerdo con Verduras

para 4 personas

2 dientes de ajo machacados

5 ml / 1 cucharadita de sal

2,5 ml / ½ cucharadita de pimienta recién molida

30 ml / 2 cucharadas de aceite de maní

30 ml / 2 cucharadas de salsa de soja

225 g / 8 onzas de floretes de brócoli

200 g/7 oz de floretes de coliflor

1 pimiento rojo, cortado en cubitos

1 cebolla picada

2 naranjas, peladas y picadas

1 pieza de raíz de jengibre, picada

30 ml / 2 cucharadas de harina de maíz (almidón de maíz)

300 ml / ½ punto / 1 ¼ vaso de agua

20 ml / 2 cucharadas de vinagre de vino

15 ml / 1 cucharada de miel

una pizca de jengibre molido

2,5 ml / ½ cucharadita de comino

Triture el ajo, la sal y la pimienta en la carne. Calentar el aceite y sofreír la carne hasta que esté ligeramente dorada. Retirar de la sartén. Agregue la salsa de soja y las verduras a la sartén y saltee hasta que estén suaves pero aún crujientes. Agrega las naranjas y el jengibre. Mezcle la harina de maíz y el agua y revuelva en la sartén con el vinagre de vino, la miel, el jengibre y el comino. Llevar a ebullición y cocinar, revolviendo, durante 2 minutos. Regrese la carne de cerdo a la sartén y caliéntela antes de servir.

Cerdo con Avellanas

para 4 personas

50 g / 2 oz / ½ taza de nueces

225 g/8 oz de carne de cerdo magra, cortada en tiras

30 ml / 2 cucharadas de harina común (para todo uso)

30 ml / 2 cucharadas de azúcar moreno

30 ml / 2 cucharadas de salsa de soja

Aceite para freír

15 ml / 1 cucharada de aceite de maní

Blanquear las avellanas en agua hirviendo durante 2 minutos y luego escurrirlas. Mezclar la carne de cerdo con la harina, el azúcar y 15 ml / 1 cucharada de salsa de soja hasta que esté bien cubierta. Calentar el aceite y freír el cerdo hasta que esté crujiente y dorado. Escurrir sobre toallas de papel. Calentar aceite de maní y sofreír las avellanas hasta que estén doradas. Agregue la carne de cerdo a la sartén, espolvoree con el resto de la salsa de soja y saltee hasta que esté completamente caliente.

albóndigas de cerdo

para 4 personas

450 g / 1 libra de carne de cerdo picada (molida)
1 cebollín (cebolleta), picado
8 oz/225 g de verduras mixtas, picadas
30 ml / 2 cucharadas de salsa de soja
5 ml / 1 cucharadita de sal
40 apariencia de wonton
Aceite para freír

Calentar una sartén y sofreír el cerdo y las cebolletas hasta que estén ligeramente dorados. Retirar del fuego y agregar las verduras, la salsa de soja y la sal.

Para doblar los wontons, sostén la piel en tu palma izquierda y coloca un poco de relleno en el medio. Humedece los bordes con huevo y dobla la piel formando un triángulo, sellando los bordes. Humedecer las esquinas con huevo y dar vuelta.

Calentar el aceite y freír los wontons de a poco hasta que estén dorados. Escurrir bien antes de servir.

Cerdo con Castañas de Agua

para 4 personas

45 ml / 3 cucharadas de aceite de maní (maní)
1 diente de ajo machacado
1 cebollín (cebolleta), picado
1 rodaja de raíz de jengibre, picada
225 g/8 oz de carne de cerdo magra, cortada en tiras
100 g/4 oz de castañas de agua, en rodajas finas
45 ml / 3 cucharadas de salsa de soja
15 ml / 1 cucharada de vino de arroz o jerez seco
5 ml / 1 cucharadita de harina de maíz (almidón de maíz)

Calentar el aceite y sofreír el ajo, la cebolleta y el jengibre hasta que estén ligeramente dorados. Agrega la carne de cerdo y fríe durante 10 minutos hasta que esté dorada. Añade las castañas de agua y sofríe durante 3 minutos. Agrega el resto de los ingredientes y sofríe durante 3 minutos.

Wonton de cerdo y camarones

para 4 personas

225 g/8 oz de carne de cerdo molida (molida)
2 cebollas verdes (cebolletas), picadas
100 g/4 oz de verduras mixtas, picadas
100 g de champiñones picados
225 g/8 oz de camarones pelados y picados
15 ml / 1 cucharada de salsa de soja
2,5ml / ½ cucharadita de sal
40 apariencia de wonton
Aceite para freír

Calentar una sartén y sofreír el cerdo y el cebollino hasta que estén ligeramente dorados. Mezclar con los ingredientes restantes.

Para doblar los wontons, sostén la piel en tu palma izquierda y coloca un poco de relleno en el medio. Humedece los bordes con huevo y dobla la piel formando un triángulo, sellando los bordes. Humedecer las esquinas con huevo y dar vuelta.

Calentar el aceite y freír los wontons de a poco hasta que estén dorados. Escurrir bien antes de servir.

carne picada al vapor

para 4 personas

2 dientes de ajo machacados

2,5ml / ½ cucharadita de sal

450 g / 1 libra de carne de cerdo picada (molida)

1 cebolla picada

1 pimiento rojo picado

1 pimiento verde picado

2 piezas de raíz de jengibre, picadas

5 ml / 1 cucharadita de curry en polvo

5 ml / 1 cucharadita de pimiento rojo

1 huevo revuelto

45 ml / 3 cucharadas de harina de maíz (almidón de maíz)

50 g/2 oz de arroz de grano corto

sal y pimienta negra recién molida

60 ml / 4 cucharadas de cebollino picado

Mezcla el ajo, la sal, la carne de cerdo, la cebolla, el pimiento, el jengibre, el curry en polvo y el pimentón. Agrega el huevo a la mezcla junto con la maicena y el arroz. Sazone con sal y pimienta, luego agregue las cebolletas. Con las manos mojadas, forma bolitas con la mezcla. Colóquelos en una canasta vaporera, tápelos y cocínelos en agua a fuego lento durante 20 minutos hasta que estén cocidos.

Costillitas con Salsa de Frijoles Negros

para 4 personas

900 g de costillas de cerdo

2 dientes de ajo machacados

2 cebollas verdes (cebolletas), picadas

30 ml / 2 cucharadas de salsa de frijoles negros

30 ml / 2 cucharadas de vino de arroz o jerez seco

15 ml / 1 cucharada de agua

30 ml / 2 cucharadas de salsa de soja

15 ml / 1 cucharada de harina de maíz (almidón de maíz)

5 ml / 1 cucharadita de azúcar

120 ml / 4 fl oz ½ taza de agua

30 ml / 2 cucharadas de aceite

2,5ml / ½ cucharadita de sal

120 ml / 4 fl oz / ½ taza de caldo de pollo

Cortar las costillas de cerdo en trozos de 2,5 cm. Mezcle el ajo, la cebolla verde, la salsa de frijoles negros, el vino o jerez, el agua y 15 ml/1 cucharada de salsa de soja. Mezcle el resto de la salsa de soja con la harina de maíz, el azúcar y el agua. Calentar el aceite y la sal y sofreír las costillas de cerdo hasta que estén doradas. Escurrir el aceite. Agrega la mezcla de ajo y sofríe por 2 minutos. Agrega el caldo, lleva a ebullición, tapa y cocina por 4 minutos. Agregue la mezcla de harina de maíz y cocine, revolviendo, hasta que la salsa se adelgace y espese.

costillas a la parrilla

para 4 personas

3 dientes de ajo machacados

75 ml / 5 cucharadas de salsa de soja

60 ml / 4 cucharadas de salsa hoisin

60 ml / 4 cucharadas de vino de arroz o jerez seco

45 ml / 3 cucharadas de azúcar moreno

30 ml / 2 cucharadas de puré de tomate (pasta)

900 g de costillas de cerdo

15 ml / 1 cucharada de miel

Mezcle el ajo, la salsa de soja, la salsa hoisin, el vino o jerez, el azúcar moreno y el puré de tomate, vierta sobre las chuletas, cubra y deje marinar durante la noche.

Escurrir las costillas y colocarlas sobre una rejilla en una fuente para asar con un poco de agua debajo. Ase en el horno precalentado a 180°C / 350°F / marca de gas 4 durante 45 minutos, rociando de vez en cuando con la marinada y reservando 30ml / 2 cucharadas de la marinada. Mezcla la marinada reservada con miel y unta las costillas. Ase o ase (freír) bajo una parrilla caliente durante unos 10 minutos.

costillas de arce asadas

para 4 personas

900 g de costillas de cerdo

60 ml / 4 cucharadas de sirope de arce

5 ml / 1 cucharadita de sal

5 ml / 1 cucharadita de azúcar

45 ml / 3 cucharadas de salsa de soja

15 ml / 1 cucharada de vino de arroz o jerez seco

1 diente de ajo machacado

Picar las costillas de cerdo en trozos de 2/5 cm y colocarlas en un bol. Mezclar todos los ingredientes, agregar las costillas y mezclar bien. Tapar y dejar ablandar durante la noche. Freír (asar) o asar a fuego medio durante unos 30 minutos.

costillas de cerdo fritas

para 4 personas

900 g de costillas de cerdo

120 ml / 4 fl oz / ½ taza de salsa de tomate (ketchup)

120 ml / 4 fl oz / ½ taza de vinagre de vino

60 ml / 4 cucharadas de mango encurtido

45 ml / 3 cucharadas de vino de arroz o jerez seco

2 dientes de ajo picado

5 ml / 1 cucharadita de sal

45 ml / 3 cucharadas de salsa de soja

30 ml / 2 cucharadas de miel

15 ml / 1 cucharada de curry ligero en polvo

15 ml / 1 cucharada de pimiento rojo

Aceite para freír

60 ml / 4 cucharadas de cebollino picado

Coloca las costillas de cerdo en un bol. Mezclar todos los ingredientes excepto el aceite y el cebollino, verter sobre las costillas, tapar y dejar marinar durante al menos 1 hora. Calentar el aceite y sofreír las costillas hasta que estén crujientes. Sirva espolvoreado con cebollino.

Costillas con Puerros

para 4 personas

450 g de costillas de cerdo

Aceite para freír

250 ml / 8 fl oz / 1 taza de caldo

30 ml / 2 cucharadas de salsa de tomate (ketchup)

2,5ml / ½ cucharadita de sal

2,5ml / ½ cucharadita de azúcar

2 puerros, cortados en trozos

6 cebolletas (cebolletas verdes), cortadas en trozos

50 g/2 oz de floretes de brócoli

5 ml / 1 cucharadita de aceite de sésamo

Cortar las costillas de cerdo en trozos de 5 cm / 2, calentar el aceite y sofreír las costillas hasta que estén doradas. Retirar de la sartén y verter todo menos 30 ml / 2 cucharadas de aceite. Agrega el caldo, la salsa de tomate, la sal y el azúcar, lleva a ebullición y cocina por 1 minuto. Regrese las costillas a la sartén y cocine a fuego lento hasta que estén tiernas, aproximadamente 20 minutos.

Mientras tanto, calentar otros 30 ml / 2 cucharadas de aceite y sofreír el puerro, la cebolleta y el brócoli durante unos 5 minutos. Rocíe aceite de sésamo por encima y colóquelo en un plato para servir caliente. Vierta las costillas y la salsa en el medio y sirva.

Costillas De Champiñones

Para 4 a 6 porciones

6 champiñones chinos secos

900 g de costillas de cerdo

2 dientes de anís estrellado

45 ml / 3 cucharadas de salsa de soja

5 ml / 1 cucharadita de sal

15 ml / 1 cucharada de harina de maíz (almidón de maíz)

Remojar los champiñones en agua tibia durante 30 minutos y luego escurrirlos. Deseche los tallos y corte la parte superior. Picar las costillas de cerdo en trozos de 5 cm/2, hervir agua en una olla, agregar las costillas y cocinar por 15 minutos. Colar bien. Regrese las costillas a la sartén y cúbralas con agua fría. Agrega los champiñones, el anís estrellado, la salsa de soja y la sal. Llevar a ebullición, tapar y cocinar hasta que la carne esté tierna, aproximadamente 45 minutos. Mezcla la harina de maíz con un poco de agua fría, agrégala a la sartén y cocina a fuego lento, revolviendo hasta que la salsa espese y adelgace.

Costillas De Naranja

para 4 personas

900 g de costillas de cerdo

5 ml / 1 cucharadita de queso rallado

5 ml / 1 cucharadita de harina de maíz (almidón de maíz)

45 ml / 3 cucharadas de vino de arroz o jerez seco

sal

Aceite para freír

15 ml / 1 cucharada de agua

2,5ml / ½ cucharadita de azúcar

15 ml / 1 cucharada de puré de tomate (pasta)

2,5 ml / ½ cucharadita de salsa picante

Piel rallada de 1 naranja

1 naranja en rodajas

Picar las costillas de cerdo en trozos y mezclar con el queso, la maicena, 5ml/1 cucharadita de vino o jerez y una pizca de sal. Deja que se ablande durante 30 minutos. Calienta el aceite y fríe las costillas hasta que estén doradas, unos 3 minutos. Calienta 15 ml / 1 cucharada de aceite en un wok, agrega agua, azúcar, puré de tomate, salsa picante, ralladura de naranja y el vino o jerez restante y revuelve a fuego lento durante 2 minutos. Agregue la carne de cerdo y revuelva hasta que esté bien cubierta. Colóquelo en un plato para servir caliente y decore con rodajas de naranja.

costillas de piña

para 4 personas

900 g de costillas de cerdo
600 ml / 1 punto / 2½ vasos de agua
30 ml / 2 cucharadas de aceite de maní
2 dientes de ajo finamente picados
200 g/7 oz de trozos de piña conservados en jugo
120 ml / 4 fl oz / ½ taza de caldo de pollo
60 ml / 4 cucharadas de vinagre de vino
50 g / 2 oz / ¼ taza de azúcar moreno
15 ml / 1 cucharada de salsa de soja
15 ml / 1 cucharada de harina de maíz (almidón de maíz)
3 cebolletas (cebolletas), picadas

Coloque la carne de cerdo y el agua en una olla, hierva, tape y cocine a fuego lento durante 20 minutos. Colar bien.

Calentar el aceite y sofreír los ajos hasta que estén ligeramente dorados. Agrega las costillas y sofríe hasta que estén bien cubiertas de aceite. Escurre los trozos de piña y agrega 120 ml / 4 fl oz / ½ taza de jugo a la sartén junto con el caldo, el vinagre de vino, el azúcar y la salsa de soja. Llevar a ebullición, tapar y cocinar a fuego lento durante 10 minutos.

Agrega la piña escurrida. Mezclar la harina de maíz con un poco de agua, agregarla a la salsa y cocinar, revolviendo, hasta que la salsa se adelgace y espese. Sirva espolvoreado con cebollino.

Costillas de camarones crujientes

para 4 personas

900 g de costillas de cerdo

450 g de camarones pelados

5 ml / 1 cucharadita de azúcar

sal y pimienta negra recién molida

30 ml / 2 cucharadas de harina común (para todo uso)

1 huevo, ligeramente batido

100 g/4 oz de pan rallado

Aceite para freír

Cortar las costillas de cerdo en trozos de 5 cm / 2, cortar un poco de carne y picar con camarones, azúcar, sal y pimienta. Agrega harina y suficientes huevos para que la mezcla quede pegajosa. Presione alrededor de los trozos de costilla de cerdo y luego espolvoree con pan rallado. Calentar el aceite y sofreír las costillas hasta que floten en la superficie. Escurrir bien y servir caliente.

Costillas Al Vino De Arroz

para 4 personas

900 g de costillas de cerdo

450 ml / ¾ punto / 2 vasos de agua

60 ml / 4 cucharadas de salsa de soja

5 ml / 1 cucharadita de sal

30 ml / 2 cucharadas de vino de arroz

5 ml / 1 cucharadita de azúcar

Cortar las costillas en trozos de 1/2,5 cm, colocar en una olla con agua, salsa de soja y sal, llevar a ebullición, tapar y cocinar a fuego lento durante 1 hora. Colar bien. Calentar una sartén y añadir las costillas, el vino de arroz y el azúcar. Saltee a fuego alto hasta que el líquido se evapore.

costillas de sésamo

para 4 personas

900 g de costillas de cerdo

1 huevo

30 ml / 2 cucharadas de harina común (para todo uso)

5 ml / 1 cucharadita de harina de patata

45 ml / 3 cucharadas de agua

Aceite para freír

30 ml / 2 cucharadas de aceite de maní

30 ml / 2 cucharadas de salsa de tomate (ketchup)

30 ml / 2 cucharadas de azúcar moreno

10 ml / 2 cucharaditas de vinagre de vino

45 ml / 3 cucharadas de semillas de sésamo

4 hojas de lechuga

Picar las costillas de cerdo en 4 trozos de 10 cm y colocarlas en un bol. Mezclar el huevo con la harina, la harina de papa y el agua, agregarlo a las costillas y dejar reposar 4 horas.

Calentar el aceite y sofreír las costillas de cerdo hasta que estén doradas, retirar y escurrir. Calentar el aceite y sofreír la salsa de tomate, el azúcar moreno y el vinagre de vino durante unos minutos. Agregue las costillas de cerdo y saltee hasta que estén completamente cubiertas. Espolvorea con semillas de sésamo y fríe durante 1 minuto. Coloque las hojas de lechuga en un plato caliente, agregue las costillas y sirva.

Costillas Dulces y Suaves

para 4 personas

900 g de costillas de cerdo

600 ml / 1 punto / 2½ vasos de agua

30 ml / 2 cucharadas de aceite de maní

2 dientes de ajo machacados

5 ml / 1 cucharadita de sal

100 g / 4 oz / ½ taza de azúcar moreno

75 ml / 5 cucharadas de caldo de pollo

60 ml / 4 cucharadas de vinagre de vino

100 g/4 oz de trozos de piña enlatada en almíbar

15 ml / 1 cucharada de puré de tomate (pasta)

15 ml / 1 cucharada de salsa de soja

15 ml / 1 cucharada de harina de maíz (almidón de maíz)

30 ml / 2 cucharadas de coco rallado

Coloque la carne de cerdo y el agua en una olla, hierva, tape y cocine a fuego lento durante 20 minutos. Colar bien.

Calentar el aceite y sofreír las costillas con ajo y sal hasta que estén doradas. Agrega el azúcar, el caldo y el vinagre de vino y deja hervir. Escurre el jugo de la piña y añade 30ml / 2 cucharadas de almíbar a la sartén con el puré de tomate, la salsa de soja y la maicena. Mezcle bien y cocine, revolviendo, hasta que la salsa se adelgace y espese. Agrega la piña, cocina por 3 minutos y sirve espolvoreada con coco.

Costillas Salteadas

para 4 personas

900 g de costillas de cerdo
1 huevo revuelto
5 ml / 1 cucharadita de salsa de soja
5 ml / 1 cucharadita de sal
10 ml / 2 cucharaditas de harina de maíz (almidón de maíz)
10 ml / 2 cucharaditas de azúcar
60 ml / 4 cucharadas de aceite de maní
250 ml / 8 fl oz / 1 taza de vinagre de vino
250 ml / 8 fl oz / 1 vaso de agua
250 ml / 8 fl oz / 1 taza de vino de arroz o jerez seco

Coloca las costillas de cerdo en un bol. Mezclar el huevo con la salsa de soja, la sal, la mitad de la maicena y la mitad del azúcar, agregar a las costillas y mezclar bien. Calentar el aceite y sofreír las costillas de cerdo hasta que estén doradas. Agrega el resto de los ingredientes, lleva a ebullición y cocina hasta que el líquido casi se evapore.

Costillas con Tomates

para 4 personas

900 g de costillas de cerdo

75 ml / 5 cucharadas de salsa de soja

30 ml / 2 cucharadas de vino de arroz o jerez seco

2 huevos revueltos

45 ml / 3 cucharadas de harina de maíz (almidón de maíz)

Aceite para freír

45 ml / 3 cucharadas de aceite de maní (maní)

1 cebolla, en rodajas finas

250 ml / 8 fl oz / 1 taza de caldo de pollo

60 ml / 4 cucharadas de salsa de tomate (ketchup)

10 ml / 2 cucharaditas de azúcar moreno

Cortar las costillas de cerdo en trozos de 2,5 cm. Mezclar con 60 ml / 4 cucharadas de salsa de soja y vino o jerez y dejar ablandar durante 1 hora, revolviendo de vez en cuando. Colar, desechando el pepinillo. Pasar las costillas por el huevo y luego por la harina de maíz. Calentar el aceite y sofreír las costillas, una a una, hasta que estén doradas. Colar bien. Calentar aceite de maní (maní) y sofreír la cebolla hasta que esté transparente. Agregue el caldo, el resto de la salsa de soja, la salsa de tomate y el azúcar moreno y cocine, revolviendo, durante 1 minuto. Agrega las costillas y cocina por 10 minutos.

Carne de cerdo a la parrilla

Para 4 a 6 porciones

1,25 kg / 3 lb de paleta de cerdo deshuesada

2 dientes de ajo machacados

2 cebollas verdes (cebolletas), picadas

250 ml / 8 fl oz / 1 taza de salsa de soja

120 ml / 4 fl oz / ½ taza de vino de arroz o jerez seco

100 g / 4 oz / ½ taza de azúcar moreno

5 ml / 1 cucharadita de sal

Coloca la carne de cerdo en un bol. Mezclar el resto de los ingredientes, verter sobre la carne, tapar y dejar marinar durante 3 horas. Transfiera la carne de cerdo y la marinada a una fuente para hornear y ase en el horno precalentado a 200 °C/400 °F/termostato de gas 6 durante 10 minutos. Reduzca la temperatura a 160 °C/325 °F/termostato de gas 3 durante 1¾ horas hasta que la carne de cerdo esté bien cocida.

Cerdo Frío Con Mostaza

para 4 personas

1 kg / 2 lb de cerdo asado deshuesado

250 ml / 8 fl oz / 1 taza de salsa de soja

120 ml / 4 fl oz / ½ taza de vino de arroz o jerez seco

100 g / 4 oz / ½ taza de azúcar moreno

3 cebolletas (cebolletas), picadas

5 ml / 1 cucharadita de sal

30 ml / 2 cucharadas de mostaza en polvo

Coloca la carne de cerdo en un bol. Mezclar todos los ingredientes restantes excepto la mostaza y verter sobre la carne. Deje marinar durante al menos 2 horas, rociando con frecuencia. Forre una fuente para asar con papel de aluminio y coloque la carne de cerdo sobre una rejilla en la fuente. Ase en el horno precalentado a 200°C / 400°F / marca de gas 6 durante 10 minutos y luego reduzca la temperatura a 160°C / 325°F / marca de gas 3 y cocine por 1¾ horas más hasta que la carne de cerdo esté tierna. Déjelo enfriar y luego refrigérelo. Cortar en rodajas muy finas. Mezcle mostaza en polvo con suficiente agua para hacer una pasta cremosa y servir con carne de cerdo.

cerdo al estilo chino

para 6

1,25 kg / 3 lb de carne de cerdo, en rodajas gruesas
2 dientes de ajo finamente picados
30 ml / 2 cucharadas de vino de arroz o jerez seco
15 ml / 1 cucharada de azúcar moreno
15 ml / 1 cucharada de miel
90 ml / 6 cucharadas de salsa de soja
2,5 ml / ½ cucharadita de cinco especias en polvo

Coloque la carne de cerdo en un plato poco profundo. Mezcle los ingredientes restantes, vierta sobre la carne, cubra y deje marinar en el refrigerador durante la noche, volteándolos y rociándolos ocasionalmente.

Coloque las lonchas de cerdo sobre una rejilla en una fuente para asar llena con un poco de agua y rocíe con la marinada. Ase en el horno precalentado a 180 °C/350 °F/termostato 5 durante aproximadamente 1 hora, rociando ocasionalmente, hasta que la carne de cerdo esté bien cocida.

cerdo con espinacas

6 a 8 personas

30 ml / 2 cucharadas de aceite de maní
1,25 kg / 3 lb de lomo de cerdo
250 ml / 8 fl oz / 1 taza de caldo de pollo
15 ml / 1 cucharada de azúcar moreno
60 ml / 4 cucharadas de salsa de soja
900 g / 2 libras de espinacas

Calentar el aceite y sofreír la carne por todos lados. Elimina la mayor parte del aceite. Agregue el caldo, el azúcar y la salsa de soja, deje hervir, cubra y cocine a fuego lento hasta que la carne de cerdo esté bien cocida, aproximadamente 2 horas. Retire la carne de la sartén, déjala enfriar un poco y luego córtela en rodajas. Agrega las espinacas a la sartén y cocina a fuego lento, revolviendo suavemente, hasta que se ablanden. Escurre las espinacas y colócalas en un plato para servir caliente. Coloque encima las rodajas de cerdo y sirva.

bolas de cerdo fritas

para 4 personas

450 g / 1 libra de carne de cerdo picada (molida)
1 rodaja de raíz de jengibre, picada
15 ml / 1 cucharada de harina de maíz (almidón de maíz)
15 ml / 1 cucharada de agua
2,5ml / ½ cucharadita de sal
10 ml / 2 cucharaditas de salsa de soja
Aceite para freír

Mezcla la carne de cerdo y el jengibre. Mezcle la harina de maíz, el agua, la sal y la salsa de soja, luego agregue la mezcla al cerdo y mezcle bien. Haz bolitas del tamaño de una nuez. Calentar el aceite y sofreír las albóndigas hasta que floten en la superficie del aceite. Retirar del aceite y recalentar. Regrese la carne de cerdo a la sartén y fríala por 1 minuto. Colar bien.

Rollitos de huevo con cerdo y camarones

para 4 personas

30 ml / 2 cucharadas de aceite de maní

225 g/8 oz de carne de cerdo molida (molida)

225 g / 8 oz de camarones

100 g de hojas chinas picadas

100 g/4 oz de brotes de bambú, cortados en tiras

100 g/4 oz de castañas de agua, cortadas en tiras

10 ml / 2 cucharaditas de salsa de soja

5 ml / 1 cucharadita de sal

5 ml / 1 cucharadita de azúcar

3 cebolletas (cebolletas), finamente picadas

8 cáscaras de rollito de huevo

Aceite para freír

Calentar el aceite y sofreír el cerdo hasta que esté dorado. Agrega los camarones y sofríe por 1 minuto. Agrega las hojas chinas, los brotes de bambú, las castañas de agua, la salsa de soja, la sal y el azúcar y saltea durante 1 minuto, luego tapa y cocina durante 5 minutos. Agrega las cebolletas, colócalas en un colador y déjalas escurrir.

Coloque unas cucharadas de la mezcla de relleno en el centro de la piel de cada rollo de huevo, doble hacia abajo, doble hacia los lados y luego enrolle para encerrar el relleno. Cubre el borde con un poco de mezcla de harina y agua y deja secar durante 30 minutos. Calienta el aceite y fríe los rollitos hasta que estén crujientes y dorados, unos 10 minutos. Escurrir bien antes de servir.

cerdo al vapor

para 4 personas

450 g / 1 libra de carne de cerdo picada (molida)
5 ml / 1 cucharadita de harina de maíz (almidón de maíz)
2,5ml / ½ cucharadita de sal
10 ml / 2 cucharaditas de salsa de soja

Mezclar la carne de cerdo con los demás ingredientes y esparcir la mezcla en un refractario poco profundo. Coloque una vaporera sobre agua hirviendo y cocine al vapor hasta que esté bien cocido, aproximadamente 30 minutos. Servir caliente.

Cerdo Estofado Con Carne De Cangrejo

para 4 personas

8 onzas/225 g de carne de cangrejo, en cubos

100 g de champiñones picados

100 g/4 oz de brotes de bambú, picados

5 ml / 1 cucharadita de harina de maíz (almidón de maíz)

2,5ml / ½ cucharadita de sal

225 g de carne de cerdo cocida, en rodajas

1 clara de huevo, ligeramente batida

Aceite para freír

15 ml / 1 cucharada de perejil fresco picado

Agregue la carne de cangrejo, los champiñones, los brotes de bambú, la harina de maíz y la mayor parte de la sal. Cortar la carne en cuadrados de 5 cm. Haz sándwiches con la mezcla de carne de cangrejo. Cubrir con clara de huevo. Calentar el aceite y sofreír los bocadillos poco a poco hasta que estén dorados. Colar bien. Servir espolvoreado con perejil.

Cerdo con brotes de soja

para 4 personas

30 ml / 2 cucharadas de aceite de maní

2,5ml / ½ cucharadita de sal

2 dientes de ajo machacados

450 g / 1 libra de brotes de soja

225 g/8 oz de carne de cerdo cocida, en cubos

120 ml / 4 fl oz / ½ taza de caldo de pollo

15 ml / 1 cucharada de salsa de soja

15 ml / 1 cucharada de vino de arroz o jerez seco

5 ml / 1 cucharadita de azúcar

15 ml / 1 cucharada de harina de maíz (almidón de maíz)

2,5 ml / ½ cucharadita de aceite de sésamo

3 cebolletas (cebolletas), picadas

Calentar el aceite y sofreír la sal y el ajo hasta que estén ligeramente dorados. Agrega los brotes de soja y la carne de cerdo y cocina por 2 minutos. Agrega la mitad del caldo, lleva a ebullición, tapa y cocina por 3 minutos. Mezcle el caldo restante con los demás ingredientes, revuelva en la sartén, vuelva a hervir y cocine, revolviendo, durante 4 minutos. Sirva espolvoreado con cebollino.

Salteado De Pollo Simple

para 4 personas

1 pechuga de pollo, en rodajas finas
2 rodajas de raíz de jengibre, picada
2 cebollas verdes (cebolletas), picadas
15 ml / 1 cucharada de harina de maíz (almidón de maíz)
15 ml / 1 cucharada de vino de arroz o jerez seco
30 ml / 2 cucharadas de agua
2,5ml / ½ cucharadita de sal
45 ml / 3 cucharadas de aceite de maní (maní)
100 g / 4 oz de brotes de bambú, en rodajas
100 g/4 oz de champiñones, rebanados
100 g/4 oz de brotes de soja
15 ml / 1 cucharada de salsa de soja
5 ml / 1 cucharadita de azúcar
120 ml / 4 fl oz / ½ taza de caldo de pollo

Coloca el pollo en un bol. Mezcla el jengibre, las cebolletas, la maicena, el vino o jerez, el agua y la sal, agrega al pollo y deja reposar por 1 hora. Calentar la mitad del aceite y freír el pollo hasta que esté ligeramente dorado, luego retirar de la sartén. Calentar el aceite restante y sofreír los brotes de bambú, los champiñones y los brotes de soja durante 4 minutos. Agrega la salsa de soja, el azúcar y el caldo, lleva a ebullición, tapa y cocina durante 5 minutos hasta que las verduras estén tiernas. Regrese el pollo a la sartén, revuelva bien y vuelva a calentar suavemente antes de servir.

Pollo Con Salsa De Tomate

para 4 personas

30 ml / 2 cucharadas de aceite de maní

5 ml / 1 cucharadita de sal

2 dientes de ajo machacados

450 g / 1 libra de pollo, en cubos

300 ml / ½ pt / 1¼ taza de caldo de pollo

120 ml / 4 fl oz / ½ taza de salsa de tomate (ketchup)

15 ml / 1 cucharada de harina de maíz (almidón de maíz)

4 cebollines (cebolletas), en rodajas

Calentar el aceite con sal y ajo hasta que el ajo esté ligeramente dorado. Añade el pollo y sofríe hasta que esté ligeramente dorado. Agregue la mayor parte del caldo, hierva, cubra y cocine a fuego lento hasta que el pollo esté tierno, aproximadamente 15 minutos. Mezcla el agua restante con la salsa de tomate y la maicena y agrégala a la sartén. Cocine a fuego lento, revolviendo, hasta que la salsa espese y se vuelva clara. Si la salsa queda demasiado líquida, déjala cocer un rato a fuego lento hasta que reduzca. Agregue las cebolletas y cocine por 2 minutos antes de servir.

pollo con tomate

para 4 personas

225 g/8 oz de pollo, cortado en cubitos
15 ml / 1 cucharada de harina de maíz (almidón de maíz)
15 ml / 1 cucharada de salsa de soja
15 ml / 1 cucharada de vino de arroz o jerez seco
45 ml / 3 cucharadas de aceite de maní (maní)
1 cebolla picada en cubitos
60 ml / 4 cucharadas de caldo de pollo
5 ml / 1 cucharadita de sal
5 ml / 1 cucharadita de azúcar
2 tomates, sin piel y picados

Mezcle el pollo con maicena, salsa de soja y vino o jerez y déjelo reposar durante 30 minutos. Calentar el aceite y freír el pollo hasta que esté ligeramente dorado. Agrega la cebolla y sofríe hasta que esté suave. Agrega el caldo, la sal y el azúcar, lleva a ebullición y revuelve suavemente a fuego lento hasta que el pollo esté cocido. Agregue los tomates y revuelva hasta que estén bien calientes.

Pollo con tomates guisados

para 4 personas

4 porciones de pollo
4 tomates, sin piel y en cuartos
15 ml / 1 cucharada de vino de arroz o jerez seco
15 ml / 1 cucharada de aceite de maní
sal

Coloca el pollo en una sartén y cúbrelo con agua fría. Llevar a ebullición, tapar y cocinar a fuego lento durante 20 minutos. Agrega los tomates, el vino o jerez, el aceite y la sal, tapa y cocina por 10 minutos más hasta que el pollo esté bien cocido. Coloque el pollo en un plato para servir caliente, córtelo y sirva. Vuelva a calentar la salsa y vierta sobre el pollo para servir.

Pollo Y Tomates Con Salsa De Frijoles Negros

para 4 personas

45 ml / 3 cucharadas de aceite de maní (maní)

1 diente de ajo machacado

45 ml / 3 cucharadas de salsa de frijoles negros

225 g/8 oz de pollo, cortado en cubitos

15 ml / 1 cucharada de vino de arroz o jerez seco

5 ml / 1 cucharadita de azúcar

15 ml / 1 cucharada de salsa de soja

90 ml / 6 cucharadas de caldo de pollo

3 tomates, pelados y cortados en cuartos

10 ml / 2 cucharaditas de harina de maíz (almidón de maíz)

45 ml / 3 cucharadas de agua

Calentar el aceite y sofreír los ajos durante 30 segundos. Agregue la salsa de frijoles negros y fría durante 30 segundos, luego agregue el pollo y revuelva hasta que esté bien cubierto de aceite. Agregue vino o jerez, azúcar, salsa de soja y caldo, deje hervir, cubra y cocine hasta que el pollo esté bien cocido, aproximadamente 5 minutos. Mezcle la harina de maíz y el agua hasta formar una pasta, revuelva en la sartén y cocine, revolviendo, hasta que la salsa se adelgace y espese.

Pollo Cocido Rápido Con Verduras

para 4 personas
1 clara de huevo
50 g de harina de maíz (almidón de maíz)
225 g de pechuga de pollo cortada en tiras
75 ml / 5 cucharadas de aceite de maní (maní)
200 g/7 oz de brotes de bambú, cortados en tiras
50 g / 2 oz de brotes de soja
1 pimiento verde cortado en tiras
3 cebolletas (cebolletas), en rodajas
1 rodaja de raíz de jengibre, picada
1 diente de ajo picado
15 ml / 1 cucharada de vino de arroz o jerez seco

Batir las claras y la maicena y mojar las tiras de pollo en la mezcla. Calienta el aceite a fuego medio y fríe el pollo unos minutos hasta que esté cocido. Retirar de la sartén y escurrir bien. Agregue los brotes de bambú, los brotes de soja, el pimiento morrón, la cebolla, el jengibre y el ajo a la sartén y saltee durante 3 minutos. Agregue vino o jerez y regrese el pollo a la sartén. Mezclar bien y calentar antes de servir.

pollo con avellanas

para 4 personas

45 ml / 3 cucharadas de aceite de maní (maní)

2 cebollas verdes (cebolletas), picadas

1 rodaja de raíz de jengibre, picada

1 libra/450 g de pechuga de pollo, cortada en rodajas muy finas

50 g/2 oz de jamón desmenuzado

30 ml / 2 cucharadas de salsa de soja

30 ml / 2 cucharadas de vino de arroz o jerez seco

5 ml / 1 cucharadita de azúcar

5 ml / 1 cucharadita de sal

100 g / 4 oz / 1 taza de nueces picadas

Calentar el aceite y sofreír la cebolla y el jengibre durante 1 minuto. Agrega el pollo y el jamón y sofríe durante 5 minutos hasta que esté casi cocido. Agrega la salsa de soja, el vino o jerez, el azúcar y la sal y sofríe durante 3 minutos. Agrega las avellanas y sofríe durante 1 minuto hasta que los ingredientes estén bien mezclados.

pollo con nueces

para 4 personas

100 g / 4 oz / 1 taza de nueces sin cáscara, partidas por la mitad

Aceite para freír

45 ml / 3 cucharadas de aceite de maní (maní)

2 rodajas de raíz de jengibre, picada

225 g/8 oz de pollo, cortado en cubitos

100 g / 4 oz de brotes de bambú, en rodajas

75 ml / 5 cucharadas de caldo de pollo

Preparar las avellanas, calentar el aceite y sofreír las avellanas hasta que estén doradas y escurrir bien. Calienta aceite de maní y fríe el jengibre durante 30 segundos. Añade el pollo y sofríe hasta que esté ligeramente dorado. Agregue los ingredientes restantes, lleve a ebullición y cocine, revolviendo, hasta que el pollo esté cocido.

Pollo Con Castañas De Agua

para 4 personas

45 ml / 3 cucharadas de aceite de maní (maní)
2 dientes de ajo machacados
2 cebollas verdes (cebolletas), picadas
1 rodaja de raíz de jengibre, picada
225 g/8 oz de pechuga de pollo, en rodajas
100 g/4 oz de castañas de agua, en rodajas
45 ml / 3 cucharadas de salsa de soja
15 ml / 1 cucharada de vino de arroz o jerez seco
5 ml / 1 cucharadita de harina de maíz (almidón de maíz)

Calentar el aceite y sofreír el ajo, la cebolleta y el jengibre hasta que estén ligeramente dorados. Agrega el pollo y sofríe por 5 minutos. Añade las castañas de agua y sofríe durante 3 minutos. Agregue salsa de soja, vino o jerez y harina de maíz y saltee hasta que el pollo esté bien cocido, aproximadamente 5 minutos.

Pollo Salado Con Castañas De Agua

para 4 personas

30 ml / 2 cucharadas de aceite de maní

4 piezas de pollo

3 cebolletas (cebolletas), picadas

2 dientes de ajo machacados

1 rodaja de raíz de jengibre, picada

250 ml / 8 fl oz / 1 taza de salsa de soja

30 ml / 2 cucharadas de vino de arroz o jerez seco

30 ml / 2 cucharadas de azúcar moreno

5 ml / 1 cucharadita de sal

375 ml / 13 fl oz / 1¼ taza de agua

225 g/8 oz de castañas de agua, en rodajas

15 ml / 1 cucharada de harina de maíz (almidón de maíz)

Calentar el aceite y freír los trozos de pollo hasta que estén dorados. Agrega el cebollino, el ajo y el jengibre y sofríe durante 2 minutos. Agrega la salsa de soja, el vino o jerez, el azúcar y la sal y mezcla bien. Agrega agua y deja hervir, tapa y cocina por 20 minutos. Agrega las castañas de agua, tapa y cocina por 20 minutos más. Mezclar la harina de maíz con un poco de agua, agregarla a la salsa y cocinar, revolviendo, hasta que la salsa se adelgace y espese.

albóndigas de pollo

para 4 personas

4 champiñones chinos secos

450 g / 1 libra de pechuga de pollo desmenuzada

8 oz/225 g de verduras mixtas, picadas

1 cebollín (cebolleta), picado

15 ml / 1 cucharada de salsa de soja

2,5ml / ½ cucharadita de sal

40 apariencia de wonton

1 huevo revuelto

Remojar los champiñones en agua tibia durante 30 minutos y luego escurrirlos. Deseche los tallos y pique la parte superior. Mezclar con pollo, verduras, salsa de soja y sal.

Para doblar los wontons, sostén la piel en tu palma izquierda y coloca un poco de relleno en el medio. Humedece los bordes con huevo y dobla la piel formando un triángulo, sellando los bordes. Humedecer las esquinas con huevo y dar vuelta.

Trae una olla de agua a hervir. Agregue los wontons y cocine hasta que suban a la superficie, aproximadamente 10 minutos.

alitas de pollo crujientes

para 4 personas

900 g / 2 libras de alitas de pollo
60 ml / 4 cucharadas de vino de arroz o jerez seco
60 ml / 4 cucharadas de salsa de soja
50 g / 2 oz / ½ taza de harina de maíz (maicena)
aceite de maní para freír

Coloca las alitas de pollo en un bol. Mezcle los ingredientes restantes y vierta sobre las alitas de pollo, revolviendo bien para cubrir con la salsa. Tapar y dejar reposar durante 30 minutos. Calienta el aceite y fríe el pollo varias veces a la vez hasta que esté bien cocido y de color dorado oscuro. Escurrir bien sobre papel de cocina y mantener caliente mientras se asa el pollo restante.

Alitas de pollo con cinco especias

para 4 personas

30 ml / 2 cucharadas de aceite de maní

2 dientes de ajo machacados

450 g / 1 libra de alitas de pollo

250 ml / 8 fl oz / 1 taza de caldo de pollo

30 ml / 2 cucharadas de salsa de soja

5 ml / 1 cucharadita de azúcar

5 ml / 1 cucharadita de cinco especias en polvo

Calienta el aceite y el ajo hasta que el ajo esté ligeramente dorado. Añade el pollo y sofríe hasta que esté ligeramente dorado. Agrega los ingredientes restantes, mezcla bien y deja hervir. Tape y cocine hasta que el pollo esté bien cocido, aproximadamente 15 minutos. Retire la tapa y continúe cocinando a fuego lento, revolviendo ocasionalmente, hasta que la mayor parte del líquido se haya evaporado. Servir caliente o frío.

Alitas de pollo marinadas

para 4 personas

45 ml / 3 cucharadas de salsa de soja

45 ml / 3 cucharadas de vino de arroz o jerez seco

30 ml / 2 cucharadas de azúcar moreno

5 ml / 1 cucharadita de raíz de jengibre rallada

2 dientes de ajo machacados

6 cebollines (cebolletas), en rodajas

450 g / 1 libra de alitas de pollo

30 ml / 2 cucharadas de aceite de maní

225 g / 8 oz de brotes de bambú, en rodajas

20 ml / 4 cucharaditas de harina de maíz (almidón de maíz)

175 ml / 6 fl oz / ¾ taza de caldo de pollo

Mezclar salsa de soja, vino o jerez, azúcar, jengibre, ajo y cebollino. Agregue las alitas de pollo y revuelva para cubrirlas por completo. Tapar y dejar reposar durante 1 hora, revolviendo ocasionalmente. Calentar el aceite y sofreír los brotes de bambú durante 2 minutos. Retíralos de la sartén. Escurrir el pollo y la cebolla, reservando la marinada. Calentar el aceite y freír el pollo hasta que esté dorado por todos lados.

Tape y cocine por otros 20 minutos hasta que el pollo esté tierno. Mezcla la maicena con el caldo y la marinada reservada. Vierta sobre el pollo y cocine a fuego lento, revolviendo, hasta que la salsa espese. Agregue los brotes de bambú y cocine, revolviendo, durante otros 2 minutos.

Alitas de pollo reales

para 4 personas

12 alitas de pollo

250 ml / 8 fl oz / 1 taza de mantequilla de maní (maní)

15 ml / 1 cucharada de azúcar granulada

2 cebolletas (cebolletas), cortadas en trozos

5 rodajas de raíz de jengibre

5 ml / 1 cucharadita de sal

45 ml / 3 cucharadas de salsa de soja

250 ml / 8 fl oz / 1 taza de vino de arroz o jerez seco

250 ml / 8 fl oz / 1 taza de caldo de pollo

10 rodajas de brote de bambú

15 ml / 1 cucharada de harina de maíz (almidón de maíz)

15 ml / 1 cucharada de agua

2,5 ml / ½ cucharadita de aceite de sésamo

Después de hervir las alitas de pollo en agua hirviendo durante 5 minutos, escurre bien el agua. Calentar el aceite, agregar el azúcar y remover hasta que se derrita y se dore. Agrega el pollo, la cebolla verde, el jengibre, la sal, la salsa de soja, el vino y el caldo, deja hervir y cocina por 20 minutos. Agrega los brotes de bambú y cocina por 2 minutos o hasta que el líquido se haya evaporado casi por completo. Mezcla la harina de maíz y el agua, ponla en una olla y revuelve hasta que espese. Coloque las alitas de pollo en un plato para servir caliente y sírvalas con aceite de sésamo.

Alitas de pollo picantes

para 4 personas

30 ml / 2 cucharadas de aceite de maní

5 ml / 1 cucharadita de sal

2 dientes de ajo machacados

900 g / 2 libras de alitas de pollo

30 ml / 2 cucharadas de vino de arroz o jerez seco

30 ml / 2 cucharadas de salsa de soja

30 ml / 2 cucharadas de puré de tomate (pasta)

15 ml / 1 cucharada de salsa inglesa

Calentar el aceite, la sal y el ajo y sofreír hasta que el ajo se dore ligeramente. Agregue las alitas de pollo y fríalas, revolviendo frecuentemente, hasta que estén doradas y casi cocidas, aproximadamente 10 minutos. Agregue los ingredientes restantes y saltee hasta que el pollo esté crujiente y bien cocido, aproximadamente 5 minutos.

Muslos de pollo a la parrilla

para 4 personas

16 muslos de pollo

30 ml / 2 cucharadas de vino de arroz o jerez seco

30 ml / 2 cucharadas de vinagre de vino

30 ml / 2 cucharadas de aceite de oliva

sal y pimienta negra recién molida

120 ml / 4 fl oz / ½ taza de jugo de naranja

30 ml / 2 cucharadas de salsa de soja

30 ml / 2 cucharadas de miel

15 ml / 1 cucharada de jugo de limón

2 rodajas de raíz de jengibre, picada

120 ml / 4 fl oz / ½ taza de salsa de chile

Mezcle todos los ingredientes excepto la salsa de chile, cubra y deje marinar en el refrigerador durante la noche. Retire el pollo de la marinada y cocínelo a la parrilla o grill (parrilla) durante unos 25 minutos, volteándolo y rociándolo con salsa picante mientras se cocina.

Muslos De Pollo Hoisin

para 4 personas

8 muslos de pollo

600 ml / 1 pt / 2½ tazas de caldo de pollo

sal y pimienta negra recién molida

250 ml / 8 fl oz / 1 taza de salsa hoisin

30 ml / 2 cucharadas de harina común (para todo uso)

2 huevos revueltos

100 g / 4 oz / 1 taza de pan rallado

Aceite para freír

Coloque las baquetas y el caldo en una cacerola, lleve a ebullición, tape y cocine a fuego lento durante 20 minutos hasta que estén cocidos. Retire el pollo de la sartén y séquelo con papel de cocina. Coloca el pollo en un bol y sazona con sal y pimienta. Vierta sobre la salsa hoisin y deje marinar durante 1 hora. Evacuar. Pasar el pollo por harina, luego pasarlo por huevo y pan rallado y luego volver a pasarlo por huevo y pan rallado. Calienta el aceite y fríe el pollo hasta que esté dorado, unos 5 minutos. Escurrir sobre papel de cocina y servir frío o caliente.

Pollo frito

Para 4 a 6 porciones

75 ml / 5 cucharadas de aceite de maní (maní)

1 pollo

3 cebolletas (cebolletas), en rodajas

3 rodajas de raíz de jengibre

120 ml / 4 fl oz / ½ taza de salsa de soja

30 ml / 2 cucharadas de vino de arroz o jerez seco

5 ml / 1 cucharadita de azúcar

Calentar el aceite y freír el pollo hasta que esté dorado. Agregue la cebolla verde, el jengibre, la salsa de soja y el vino o jerez y deje hervir. Tape y cocine por 30 minutos, volteando ocasionalmente. Agrega el azúcar, tapa y cocina por otros 30 minutos hasta que el pollo esté cocido.

Pollo frito crujiente

para 4 personas

1 pollo

sal

30 ml / 2 cucharadas de vino de arroz o jerez seco

3 cebolletas (cebolletas), picadas

1 rodaja de raíz de jengibre

30 ml / 2 cucharadas de salsa de soja

30 ml / 2 cucharadas de azúcar

5 ml / 1 cucharadita de clavo entero

5 ml / 1 cucharadita de sal

5 ml / 1 cucharadita de pimienta negra

150 ml / ¼ pt / generoso ½ taza de caldo de pollo

Aceite para freír

1 lechuga, picada

4 tomates, rebanados

½ pepino, rebanado

Frote el pollo con sal y déjelo reposar durante 3 horas. Enjuague y coloque en un bol. Agregue vino o jerez, jengibre, salsa de soja, azúcar, clavo, sal, pimienta y caldo y mezcle bien. Coloque el tazón en una vaporera, cubra y cocine al vapor hasta que el pollo esté bien cocido, aproximadamente 2 ¼ horas. Evacuar. Calentar el aceite hasta que humee, luego agregar el pollo y freír hasta que esté dorado. Freír otros 5 minutos, retirar del aceite y escurrir. Cortar en rodajas y colocar en un plato para servir caliente. Adorne con lechuga, tomate y pepino y sirva con salsa de sal y pimienta.

Pollo Frito Entero

para 5 personas

1 pollo

10 ml / 2 cucharaditas de sal

15 ml / 1 cucharada de vino de arroz o jerez seco

2 cebolletas (cebolletas), cortadas a la mitad

3 rodajas de raíz de jengibre, cortadas en tiras

Aceite para freír

Seque el pollo y frote la piel con sal y vino o jerez. Coloque las cebolletas y el jengibre en la cavidad. Deje que el pollo se seque en un lugar fresco durante unas 3 horas. Calienta el aceite y coloca el pollo en una cesta para freír. Bájelo suavemente en el aceite y rocíelo continuamente por dentro y por fuera hasta que el pollo adquiera un color claro. Retirar del aceite y dejar enfriar un poco mientras se recalienta el aceite. Freír nuevamente hasta que esté dorado. Escurrir bien y luego cortar en trozos.

pollo cinco especias

Para 4 a 6 porciones

1 pollo

120 ml / 4 fl oz / ½ taza de salsa de soja

2,5 cm/1 pulgada de raíz de jengibre, picada

1 diente de ajo machacado

15 ml / 1 cucharada de cinco especias en polvo

30 ml / 2 cucharadas de vino de arroz o jerez seco

30 ml / 2 cucharadas de miel

2,5 ml / ½ cucharadita de aceite de sésamo

Aceite para freír

30 ml / 2 cucharadas de sal

5 ml / 1 cucharadita de pimienta recién molida

Coloca el pollo en una olla grande y llénala con agua hasta la mitad del muslo. Reserva 15 ml / 1 cucharada de salsa de soja y añade el resto a la sartén con el jengibre, el ajo y la mitad del polvo de cinco especias. Llevar a ebullición, tapar y cocinar a fuego lento durante 5 minutos. Apaga el fuego y deja el pollo en remojo hasta que el agua esté tibia. Evacuar.

Corta el pollo por la mitad a lo largo y colócalo con el lado cortado hacia abajo en la bandeja para hornear. Mezcle el resto de la salsa de soja y el polvo de cinco especias con vino o jerez, miel y aceite de sésamo. Unte la mezcla sobre el pollo y déjelo reposar durante 2 horas, untando con la mezcla de vez en cuando. Calienta el aceite y fríe las mitades de pollo hasta que estén doradas y bien cocidas, aproximadamente 15 minutos. Escurrir sobre papel de cocina y cortar en porciones.

Mientras tanto, mezcle sal y pimienta y caliente en una sartén seca durante unos 2 minutos. Servir como salsa con pollo.

Pollo con jengibre y cebollino

para 4 personas

1 pollo

2 rodajas de raíz de jengibre, cortadas en tiras

sal y pimienta negra recién molida

90 ml / 4 cucharadas de aceite de maní

8 cebolletas (cebolletas), finamente picadas

10 ml / 2 cucharaditas de vinagre de vino blanco

5 ml / 1 cucharadita de salsa de soja

Coloque el pollo en una olla grande, agregue la mitad del jengibre y vierta suficiente agua para casi cubrir el pollo. Condimentar con sal y pimienta. Llevar a ebullición, tapar y cocinar hasta que estén tiernos, aproximadamente 1¼ horas. Deja el pollo en el caldo hasta que se enfríe. Escurre el pollo y refrigera hasta que esté frío. Cortar en porciones.

Rallar el jengibre restante y mezclar con el aceite, las cebolletas, el vinagre de vino y la salsa de soja, sal y pimienta. Déjalo en el frigorífico durante 1 hora. Coloque los trozos de pollo en un plato para servir y vierta la salsa de jengibre sobre ellos. Servir con arroz hervido.

Pollo cocido

para 4 personas

1 pollo

1,2 l / 2 puntos / 5 tazas de caldo de pollo o agua

30 ml / 2 cucharadas de vino de arroz o jerez seco

4 cebolletas (cebolletas verdes), picadas

1 rodaja de raíz de jengibre

5 ml / 1 cucharadita de sal

Coloca el pollo en una olla grande con todos los ingredientes restantes. El caldo o el agua debe llegar hasta la mitad del muslo. Llevar a ebullición, tapar y cocinar hasta que el pollo esté bien cocido, aproximadamente 1 hora. Colar reservando el agua para sopas.

Pollo Rojo Al Horno

para 4 personas

1 pollo

250 ml / 8 fl oz / 1 taza de salsa de soja

Coloca el pollo en una sartén, vierte salsa de soja por encima y llénalo con agua hasta que casi cubra el pollo. Deje hervir, cubra y cocine, volteando ocasionalmente, hasta que el pollo esté bien cocido, aproximadamente 1 hora.

Pollo rojo picante al horno

para 4 personas

2 rodajas de raíz de jengibre

2 cebolletas (cebolletas)

1 pollo

3 dientes de anís estrellado

½ rama de canela

15 ml / 1 cucharada de pimienta negra de Sichuan

75 ml / 5 cucharadas de salsa de soja

75 ml / 5 cucharadas de vino de arroz o jerez seco

75 ml / 5 cucharadas de aceite de sésamo

15ml / 1 cucharada de azúcar

Coloque el jengibre y la cebolla verde en la cavidad del pollo y coloque el pollo en una sartén. Envuelve el anís estrellado, la canela y la pimienta negra en una gasa y agrégalo a la sartén. Vierta salsa de soja, vino o jerez y aceite de sésamo por encima. Llevar a ebullición, tapar y cocinar a fuego lento durante unos 45 minutos. Agrega el azúcar, tapa y cocina por otros 10 minutos hasta que el pollo esté bien cocido.

Pollo asado con sésamo

para 4 personas

50 g / 2 oz de semillas de sésamo

1 cebolla finamente picada

2 dientes de ajo picado

10 ml / 2 cucharaditas de sal

1 pimiento rojo seco, triturado

una pizca de clavo

2,5 ml / ½ cucharadita de cardamomo molido

2,5 ml / ½ cucharadita de jengibre molido

75 ml / 5 cucharadas de aceite de maní (maní)

1 pollo

Mezcle todas las especias y el aceite y unte el pollo. Colóquelo en una fuente para asar y agregue 30 ml / 2 cucharadas de agua a la fuente. Ase en un horno precalentado a 180 °C/350 °F/marca de gas 4 durante aproximadamente 2 horas, rociando y volteando el pollo de vez en cuando, hasta que esté dorado y bien cocido. Añade un poco más de agua si es necesario para evitar quemaduras.

pollo con salsa de soja

Para 4 a 6 porciones

300 ml / ½ pt / 1¼ taza de salsa de soja

300 ml / ½ pt / 1¼ tazas de vino de arroz o jerez seco

1 cebolla picada

3 rodajas de raíz de jengibre, picadas

50 g / 2 oz / ¼ taza de azúcar

1 pollo

15 ml / 1 cucharada de harina de maíz (almidón de maíz)

60 ml / 4 cucharadas de agua

1 pepino, pelado y rebanado

30 ml / 2 cucharadas de perejil fresco picado

Mezcle la salsa de soja, el vino o jerez, la cebolla, el jengibre y el azúcar en una cacerola y deje hervir. Agregue el pollo, vuelva a hervir, cubra y cocine durante 1 hora, volteando el pollo ocasionalmente, hasta que esté bien cocido. Coloque el pollo en un plato para servir caliente y córtelo. Vierta todo menos 250 ml / 8 fl oz / 1 taza en el líquido de cocción y vuelva a hervir. Mezcle la harina de maíz y el agua hasta formar una pasta, revuelva en la sartén y cocine, revolviendo, hasta que la salsa se adelgace y espese. Vierta un poco de salsa sobre el pollo y decore el pollo con pepino y perejil. Sirve la salsa restante por separado.

pollo al vapor

para 4 personas

1 pollo

45 ml / 3 cucharadas de vino de arroz o jerez seco

sal

2 rodajas de raíz de jengibre

2 cebolletas (cebolletas)

250 ml / 8 fl oz / 1 taza de caldo de pollo

Coloque el pollo en un recipiente apto para horno y frótelo con vino o jerez y sal, luego coloque el jengibre y las cebolletas en la cavidad. Coloque el tazón sobre una rejilla en una vaporera, cubra y cocine al vapor sobre agua hirviendo hasta que esté bien cocido, aproximadamente 1 hora. Servir caliente o frío.

Pollo al vapor con anís

para 4 personas

250 ml / 8 fl oz / 1 taza de salsa de soja

250 ml / 8 fl oz / 1 vaso de agua

15 ml / 1 cucharada de azúcar moreno

4 dientes de anís estrellado

1 pollo

Poner en un cazo la salsa de soja, el agua, el azúcar y el anís y hervir a fuego lento. Coloca el pollo en un bol y rocía bien la mezcla por dentro y por fuera. Vuelva a calentar la mezcla y repita. Coloca el pollo en una fuente refractaria. Coloque el tazón sobre una rejilla en una vaporera, cubra y cocine al vapor sobre agua hirviendo hasta que esté bien cocido, aproximadamente 1 hora.

pollo de sabor extraño

para 4 personas

1 pollo

5 ml / 1 cucharadita de raíz de jengibre picada

5 ml / 1 cucharadita de ajo picado

45 ml / 3 cucharadas de salsa de soja espesa

5 ml / 1 cucharadita de azúcar

2,5 ml / ½ cucharadita de vinagre de vino

10 ml / 2 cucharaditas de salsa de sésamo

5 ml / 1 cucharadita de pimienta recién molida

10 ml / 2 cucharaditas de aceite de chile

½ lechuga, rallada

15 ml / 1 cucharada de cilantro fresco picado

Coloca el pollo en una olla y llénala con agua hasta llegar a la mitad de los muslos de pollo. Llevar a ebullición, tapar y cocinar hasta que el pollo esté tierno, aproximadamente 1 hora. Retirar de la sartén, escurrir bien y colocar en agua con hielo hasta que la carne esté completamente fría. Escurrir bien y picar en trozos de 5 cm / 2. Mezclar el resto de los ingredientes y verter sobre el pollo. Servir adornado con lechuga y cilantro.

trozos de pollo crujientes

para 4 personas

100 g/4 oz de harina común (para todo uso)
una pizca de sal
15 ml / 1 cucharada de agua
1 huevo
350 g / 12 oz de pollo cocido, en cubitos
Aceite para freír

Mezclar la harina, la sal, el agua y el huevo hasta obtener una masa bastante firme, añadiendo un poco más de agua si fuera necesario. Sumerja los trozos de pollo en la masa hasta que estén bien cubiertos. Calienta el aceite hasta que esté muy caliente y fríe el pollo unos minutos hasta que esté crujiente y dorado.

Pollo con Judías Verdes

para 4 personas

45 ml / 3 cucharadas de aceite de maní (maní)
450 g de pollo cocido, picado
5 ml / 1 cucharadita de sal
2,5 ml / ½ cucharadita de pimienta recién molida
8 onzas/225 g de judías verdes, cortadas en trozos
1 tallo de apio, cortado en diagonal
225 g/8 oz de champiñones, rebanados
250 ml / 8 fl oz / 1 taza de caldo de pollo
30 ml / 2 cucharadas de harina de maíz (almidón de maíz)
60 ml / 4 cucharadas de agua
10 ml / 2 cucharaditas de salsa de soja

Calentar el aceite y freír el pollo, sazonando con sal y pimienta hasta que esté ligeramente dorado. Agregue los frijoles, el apio y los champiñones y mezcle bien. Agrega el caldo, lleva a ebullición, tapa y cocina por 15 minutos. Mezcle la harina de maíz, el agua y la salsa de soja hasta formar una pasta, revuelva en la sartén y cocine, revolviendo, hasta que la salsa se adelgace y espese.

Pollo Al Horno Con Piña

para 4 personas

45 ml / 3 cucharadas de aceite de maní (maní)
225 g de pollo cocido, picado
sal y pimienta negra recién molida
2 tallos de apio, cortados en diagonal
3 rodajas de piña, cortadas en trozos
120 ml / 4 fl oz / ½ taza de caldo de pollo
15 ml / 1 cucharada de salsa de soja
10 ml / 2 cucharadas de harina de maíz (almidón de maíz)
30 ml / 2 cucharadas de agua

Calentar el aceite y freír el pollo hasta que esté ligeramente dorado. Sazona con sal y pimienta, agrega el apio y sofríe por 2 minutos. Agregue la piña, el caldo y la salsa de soja y revuelva durante unos minutos hasta que esté completamente caliente. Mezcle la harina de maíz y el agua hasta formar una pasta, revuelva en la sartén y cocine, revolviendo, hasta que la salsa se adelgace y espese.

Pollo Con Pimientos Y Tomates

para 4 personas

45 ml / 3 cucharadas de aceite de maní (maní)
450 g / 1 libra de pollo cocido, en rodajas
10 ml / 2 cucharaditas de sal
5 ml / 1 cucharadita de pimienta recién molida
1 pimiento verde picado en trozos pequeños
4 tomates grandes, sin piel y cortados en rodajas
250 ml / 8 fl oz / 1 taza de caldo de pollo
30 ml / 2 cucharadas de harina de maíz (almidón de maíz)
15 ml / 1 cucharada de salsa de soja
120 ml / 4 fl oz / ½ taza de agua

Calentar el aceite y sofreír el pollo, salpimentar. Agrega los pimientos y los tomates. Vierta el caldo, lleve a ebullición, tape y cocine a fuego lento durante 15 minutos. Mezcle la harina de maíz, la salsa de soja y el agua hasta formar una pasta, revuelva en la sartén y cocine, revolviendo, hasta que la salsa se adelgace y espese.

Pollo al sésamo

para 4 personas

450 g / 1 libra de pollo cocido, cortado en tiras
2 rodajas de jengibre finamente picado
1 cebollino (cebolleta), finamente picado
sal y pimienta negra recién molida
60 ml / 4 cucharadas de vino de arroz o jerez seco
60 ml / 4 cucharadas de aceite de sésamo
10 ml / 2 cucharaditas de azúcar
5 ml / 1 cucharadita de vinagre de vino
150 ml / ¼ pt / generosa ½ taza de salsa de soja

Coloque el pollo en un plato para servir y espolvoree con jengibre, cebollino, sal y pimienta. Mezcla vino o jerez, aceite de sésamo, azúcar, vinagre de vino y salsa de soja. Vierta sobre el pollo.

poussins fritos

para 4 personas

2 poussins, cortados por la mitad
45 ml / 3 cucharadas de salsa de soja
45 ml / 3 cucharadas de vino de arroz o jerez seco
120 ml / 4 fl oz / ½ taza de aceite de maní (maní)
1 cebollino (cebolleta), finamente picado
30 ml / 2 cucharadas de caldo de pollo
10 ml / 2 cucharaditas de azúcar
5 ml / 1 cucharadita de aceite de chile
5 ml / 1 cucharadita de pasta de ajo
sal y pimienta

Coloca los poussins en un bol. Mezcle la salsa de soja y el vino o jerez, vierta sobre los poussins, cubra y deje marinar durante 2 horas, rociando con frecuencia. Calentar el aceite y freír los poussins durante unos 20 minutos hasta que estén bien cocidos. Retíralos de la sartén y recalienta el aceite.

Regresarlas a la sartén y freír hasta que estén doradas. Drene la mayor parte del aceite. Mezcle los ingredientes restantes, agréguelos a la sartén y caliente rápidamente. Vierta sobre los poussins antes de servir.

Türkiye con tirabeques

para 4 personas

60 ml / 4 cucharadas de aceite de maní
2 cebollas verdes (cebolletas), picadas
2 dientes de ajo machacados
1 rodaja de raíz de jengibre, picada
225 g de pechuga de pavo, cortada en tiras
8 onzas / 225 g de guisantes
100 g/4 oz de brotes de bambú, cortados en tiras
50 g/2 oz de castañas de agua, cortadas en tiras
45 ml / 3 cucharadas de salsa de soja
15 ml / 1 cucharada de vino de arroz o jerez seco
5 ml / 1 cucharadita de azúcar
5 ml / 1 cucharadita de sal
15 ml / 1 cucharada de harina de maíz (almidón de maíz)

Calentar 45 ml / 3 cucharadas de aceite y sofreír la cebolleta, el ajo y el jengibre hasta que estén ligeramente dorados.

Agrega el pavo y sofríe por 5 minutos. Remueve de la sartén y pon a un lado. Calentar el aceite restante y sofreír los guisantes, los brotes de bambú y las castañas durante 3 minutos. Agrega salsa de soja, vino o jerez, azúcar y sal y regresa el pavo a la sartén. Saltee durante 1 minuto. Mezclar la harina de maíz con un poco de agua, ponerla en una olla y cocinar a fuego lento, revolviendo hasta que la salsa espese.

pavo con pimienta

para 4 personas

4 champiñones chinos secos

30 ml / 2 cucharadas de aceite de maní

1 bok choy, cortado en tiras

350 g de pavo ahumado cortado en tiras

1 cebolla en rodajas

1 pimiento rojo cortado en tiras

1 pimiento verde cortado en tiras

120 ml / 4 fl oz / ½ taza de caldo de pollo

30 ml / 2 cucharadas de puré de tomate (pasta)

45 ml / 3 cucharadas de vinagre de vino

30 ml / 2 cucharadas de salsa de soja

15 ml / 1 cucharada de salsa hoisin

10 ml / 2 cucharaditas de harina de maíz (almidón de maíz)

unas gotas de aceite de chile

Remojar los champiñones en agua tibia durante 30 minutos y luego escurrirlos. Deseche los tallos y corte las puntas en tiras. Calienta la mitad del aceite y fríe el repollo durante unos 5 minutos o hasta que esté cocido. Retirar de la sartén. Agrega el pavo y sofríe por 1 minuto. Agrega las verduras y sofríe durante 3 minutos. Mezclar el caldo con el puré de tomate, el vinagre de vino y las salsas y añadir a la sartén con la col. Mezclar el almidón con un poco de agua, ponerlo en una olla y hervir revolviendo. Espolvorea con aceite de chile y cocina a fuego lento durante 2 minutos, revolviendo constantemente.

pavo asado chino

8 a 10 personas

1 pavo pequeño

600 ml / 1 punto / 2½ vasos de agua caliente

10 ml / 2 cucharaditas de pimienta de Jamaica

500 ml / 16 fl oz / 2 tazas de salsa de soja

5 ml / 1 cucharadita de aceite de sésamo

10 ml / 2 cucharaditas de sal

45 ml / 3 cucharadas de mantequilla

Coloca el pavo en una sartén y vierte agua caliente sobre él. Agrega los demás ingredientes excepto la mantequilla y deja reposar 1 hora, volteando varias veces. Retire el pavo del líquido y unte con mantequilla. Colóquelos en una fuente para hornear, cúbralos sin apretar con papel de cocina y ase en un horno precalentado a 160°C/325°F/termostato de gas 3 durante aproximadamente 4 horas, rociando ocasionalmente con salsa de soja líquida. Retire el papel de aluminio y deje que la piel se dore durante los últimos 30 minutos de cocción.

pavo con nueces y champiñones

para 4 personas

450 g de filete de pechuga de pavo

sal y pimienta

jugo de 1 naranja

15 ml / 1 cucharada de harina común (para todo uso)

12 pepinillos de nuez negra y jugo

5 ml / 1 cucharadita de harina de maíz (almidón de maíz)

15 ml / 1 cucharada de aceite de maní

2 cebolletas (cebolletas), picadas

225 g/8 oz de champiñones

45 ml / 3 cucharadas de vino de arroz o jerez seco

10 ml / 2 cucharaditas de salsa de soja

50 g / 2 oz / ½ taza de mantequilla

25 g / 1 onza de piñones

Cortar el pavo en rodajas de 1/2 cm de grosor. Sazone con sal, pimienta y jugo de naranja y espolvoree con harina. Escurre y corta las nueces por la mitad, reservando el líquido y mezcla el líquido con la maicena. Calentar el aceite y freír el pavo hasta que esté dorado. Agrega las cebolletas y los champiñones y sofríe durante 2 minutos. Agregue vino o jerez y salsa de soja y cocine por 30 segundos. Agregue las avellanas a la mezcla de harina de maíz, luego revuelva en la sartén y deje hervir. Agrega la mantequilla en trozos pequeños, pero no dejes que la mezcla hierva. Asa los piñones en una sartén seca hasta que estén dorados. Coloque la mezcla de pavo en un plato para servir caliente y sírvala adornada con piñones.

pato brote de bambú

para 4 personas

6 champiñones chinos secos

1 pato

50 g/2 oz de jamón ahumado, cortado en tiras

100 g/4 oz de brotes de bambú, cortados en tiras

2 cebolletas (cebolletas), cortadas en tiras

2 rodajas de raíz de jengibre, cortadas en tiras

5 ml / 1 cucharadita de sal

Remojar los champiñones en agua tibia durante 30 minutos y luego escurrirlos. Deseche los tallos y corte las puntas en tiras. Coloque todos los ingredientes en un recipiente resistente al calor y colóquelos sobre una cacerola con agua hasta que el recipiente esté lleno en dos tercios. Llevar a ebullición, tapar y cocinar a fuego lento hasta que el pato esté cocido, unas 2 horas, añadiendo agua hirviendo si es necesario.

pato con brotes de soja

para 4 personas

225 g / 8 onzas de brotes de frijol
45 ml / 3 cucharadas de aceite de maní (maní)
450 g de carne de pato cocida
15 ml / 1 cucharada de salsa de ostras
15 ml / 1 cucharada de vino de arroz o jerez seco
30 ml / 2 cucharadas de agua
2,5ml / ½ cucharadita de sal

Hervir los brotes de soja en agua hirviendo durante 2 minutos y luego escurrirlos. Calentar el aceite, sofreír los brotes de soja durante 30 segundos. Agregue el pato y saltee hasta que esté bien caliente. Agregue los ingredientes restantes y fría durante 2 minutos para mezclar los sabores. Servir de inmediato.

pato hervido

para 4 personas

4 cebolletas (cebolletas verdes), picadas
1 rodaja de raíz de jengibre, picada
120 ml / 4 fl oz / ½ taza de salsa de soja
30 ml / 2 cucharadas de vino de arroz o jerez seco
1 pato
120 ml / 4 fl oz / ½ taza de aceite de maní (maní)
600 ml / 1 punto / 2½ vasos de agua
15 ml / 1 cucharada de azúcar moreno

Mezcle cebolleta, jengibre, salsa de soja y vino o jerez y frote el pato por dentro y por fuera. Calentar el aceite y sofreír el pato hasta que esté ligeramente dorado por todos lados.

Escurrir el aceite. Agregue el agua y el resto de la mezcla de salsa de soja, lleve a ebullición, cubra y cocine durante 1 hora. Agrega el azúcar, tapa y cocina por otros 40 minutos hasta que el pato esté tierno.

Pato al vapor con apio

para 4 personas

350 g de pato cocido, en rodajas

1 cabeza de apio

250 ml / 8 fl oz / 1 taza de caldo de pollo

2,5ml / ½ cucharadita de sal

5 ml / 1 cucharadita de aceite de sésamo

1 tomate, cortado en rodajas

Coloque el pato sobre una rejilla para vaporera. Cortar el apio en 3 trozos largos / 7,5 cm y colocar en una cacerola. Vierta el caldo, agregue sal y coloque la vaporera sobre la sartén. Deje hervir el caldo, luego cocine a fuego lento hasta que el apio esté tierno y el pato esté completamente caliente, aproximadamente 15 minutos. Coloque el pato y el apio en un plato para servir caliente, rocíe con aceite de sésamo y sirva adornado con rodajas de tomate.

pato jengibre

para 4 personas

350 g/12 oz de pechuga de pato, en rodajas finas
1 huevo, ligeramente batido
5 ml / 1 cucharadita de salsa de soja
5 ml / 1 cucharadita de harina de maíz (almidón de maíz)
5 ml / 1 cucharadita de aceite de maní
Aceite para freír
50 g/2 oz de brotes de bambú
50 g / 2 oz de guisantes tirabeques
2 rodajas de raíz de jengibre, picada
15 ml / 1 cucharada de agua
2,5ml / ½ cucharadita de azúcar

2,5 ml / ½ cucharadita de vino de arroz o jerez seco
2,5 ml / ½ cucharadita de aceite de sésamo

Mezclar el pato con el huevo, la salsa de soja, la maicena y el aceite y dejar reposar 10 minutos. Calentar el aceite y sofreír el pato y los brotes de bambú hasta que estén cocidos y dorados. Retirar de la sartén y escurrir bien. Vierta todo menos 15 ml/1 cucharada de la sartén y saltee el pato, los brotes de bambú, los guisantes, el jengibre, el agua, el azúcar y el vino o jerez durante 2 minutos. Servir con aceite de sésamo encima.

Pato con Judías Verdes

para 4 personas

1 pato

60 ml / 4 cucharadas de aceite de maní

2 dientes de ajo machacados

2,5ml / ½ cucharadita de sal

1 cebolla picada

15 ml / 1 cucharada de raíz de jengibre rallada

45 ml / 3 cucharadas de salsa de soja

120 ml / 4 fl oz / ½ taza de vino de arroz o jerez seco

60 ml / 4 cucharadas de salsa de tomate (ketchup)

45 ml / 3 cucharadas de vinagre de vino

300 ml / ½ pt / 1¼ taza de caldo de pollo

1 libra/450 g de judías verdes, en rodajas

una pizca de pimienta recién molida

5 gotas de aceite de chile

15 ml / 1 cucharada de harina de maíz (almidón de maíz)

30 ml / 2 cucharadas de agua

Corta el pato en 8-10 trozos. Calentar el aceite y sofreír el pato hasta que esté dorado. Transfiera a un tazón. Agrega el ajo, la sal, la cebolla, el jengibre, la salsa de soja, el vino o jerez, la salsa de tomate y el vinagre de vino. Mezclar, tapar y marinar en el frigorífico durante 3 horas.

Recalentar el aceite, añadir el pato, el caldo y la marinada, llevar a ebullición, tapar y cocinar a fuego lento durante 1 hora. Agrega los frijoles, tapa y cocina por 15 minutos. Agrega el ají y el aceite. Mezclar la harina de maíz y el agua, ponerla en una olla y cocinar a fuego lento, revolviendo hasta que la salsa espese.

pato asado al vapor

para 4 personas

1 pato

sal y pimienta negra recién molida

Aceite para freír

salsa hoisin

Sazone el pato con sal y pimienta y colóquelo en un recipiente resistente al calor. Colóquelo en una olla llena de agua hasta que tenga dos tercios de la altura del plato, hierva, cubra y cocine hasta que el pato esté tierno, aproximadamente 1 1/2 horas. Colar y dejar enfriar.

Calentar el aceite y sofreír el pato hasta que esté crujiente y dorado. Retirar y escurrir bien. Picar en trozos pequeños y servir con salsa hoisin.

Pato con Frutas Exóticas

para 4 personas

4 filetes de pechuga de pato, cortados en tiras

2,5 ml / ½ cucharadita de cinco especias en polvo

30 ml / 2 cucharadas de salsa de soja

15 ml / 1 cucharada de aceite de sésamo

15 ml / 1 cucharada de aceite de maní

3 tallos de apio, picados

2 rodajas de piña, picadas

100 g/4 oz de melón, picado

4 oz/100 g de lichi, cortado a la mitad

130 ml / 4 fl oz / ½ taza de caldo de pollo

30 ml / 2 cucharadas de puré de tomate (pasta)

30 ml / 2 cucharadas de salsa hoisin

10 ml / 2 cucharaditas de vinagre de vino

una pizca de azúcar moreno

Coloca el pato en un bol. Mezcle el polvo de cinco especias, la salsa de soja y el aceite de sésamo, vierta sobre el pato y deje marinar durante 2 horas, revolviendo ocasionalmente. Calentar el aceite y sofreír el pato durante 8 minutos. Retirar de la sartén. Agrega el apio y las frutas y sofríe durante 5 minutos.

Regrese el pato a la sartén con los demás ingredientes, déjelo hervir y cocine, revolviendo, durante 2 minutos antes de servir.

Pato Asado Con Hojas Chinas

para 4 personas

1 pato

30 ml / 2 cucharadas de vino de arroz o jerez seco

30 ml / 2 cucharadas de salsa hoisin

15 ml / 1 cucharada de harina de maíz (almidón de maíz)

5 ml / 1 cucharadita de sal

5 ml / 1 cucharadita de azúcar

60 ml / 4 cucharadas de aceite de maní

4 cebolletas (cebolletas verdes), picadas

2 dientes de ajo machacados

1 rodaja de raíz de jengibre, picada

75 ml / 5 cucharadas de salsa de soja

600 ml / 1 punto / 2½ vasos de agua

225 g de hojas chinas picadas

Cortar el pato en aproximadamente 6 trozos. Mezclar vino o jerez, salsa hoisin, maicena, sal y azúcar y esparcir sobre el pato. Déjalo reposar durante 1 hora. Calentar el aceite y sofreír la cebolleta, el ajo y el jengibre durante unos segundos. Añade el pato y sofríe hasta que esté ligeramente dorado por todos lados. Escurrir el exceso de aceite. Vierta la salsa de soja y el agua, hierva, cubra y cocine a fuego lento durante unos 30 minutos. Agrega las hojas chinas, tapa nuevamente y cocina por 30 minutos más hasta que el pato esté tierno.

pato borracho

para 4 personas

2 cebollas verdes (cebolletas), picadas
2 dientes de ajo picado
1,5 l / 2½ puntos / 6 vasos de agua
1 pato
450 ml / ¾ pt / 2 tazas de vino de arroz o jerez seco

Coloque las cebolletas, el ajo y el agua en una olla grande y deje hervir. Añade el pato, vuelve a hervir, tapa y cocina durante 45 minutos. Escurrir bien reservando el líquido para el caldo. Deje que el pato se enfríe y luego refrigérelo durante la noche. Corta el pato en trozos y colócalos en un tarro de rosca grande. Vierta sobre el vino o jerez y refrigere durante aproximadamente 1 semana antes de colar y servir frío.

pato cinco especias

para 4 personas

150 ml / ¼ pt / generosa ½ taza de vino de arroz o jerez seco
150 ml / ¼ pt / generosa ½ taza de salsa de soja
1 pato
10 ml / 2 cucharaditas de cinco especias en polvo

Llevar a ebullición el vino o el jerez y la salsa de soja. Agregue el pato y cocine, volteándolo, durante unos 5 minutos. Retire el pato de la sartén y frote la piel con el polvo de cinco especias. Regrese el ave a la sartén y agregue suficiente agua para cubrir la mitad del pato. Deje hervir, cubra y cocine a fuego lento hasta que el pato esté tierno, aproximadamente 1 1/2 horas, volteándolo y rociándolo con frecuencia. Cortar el pato en 2 trozos de 5 cm y servir frío o caliente.

Pato Asado Con Jengibre

para 4 personas

1 pato

2 rodajas de raíz de jengibre rallada

2 cebollas verdes (cebolletas), picadas

15 ml / 1 cucharada de harina de maíz (almidón de maíz)

30 ml / 2 cucharadas de salsa de soja

30 ml / 2 cucharadas de vino de arroz o jerez seco

2,5ml / ½ cucharadita de sal

45 ml / 3 cucharadas de aceite de maní (maní)

Retire la carne de los huesos y córtela en trozos. Mezclar la carne con todos los demás ingredientes excepto el aceite. Déjalo reposar durante 1 hora. Calentar el aceite y freír el pato en la marinada hasta que esté tierno, unos 15 minutos.

Pato con Jamón y Puerro

para 4 personas

1 pato

450 g / 1 libra de jamón ahumado

2 puerros

2 rodajas de raíz de jengibre, picada

45 ml / 3 cucharadas de vino de arroz o jerez seco

45 ml / 3 cucharadas de salsa de soja

2,5ml / ½ cucharadita de sal

Coloca el pato en una olla y cúbrelo solo con agua fría. Llevar a ebullición, tapar y cocinar a fuego lento durante unos 20 minutos. Escurrir y reservar 450 ml / ¾ punto / 2 tazas de agua. Deje que el pato se enfríe un poco, luego separe la carne de los huesos y córtelo en cuadrados de 5 cm. Cortar el jamón en trozos similares. Cortar trozos largos de puerro y envolver una loncha de pato y jamón en la sábana y atar con un cordel. Colóquelo en un recipiente resistente al calor. Agrega jengibre, vino o jerez, salsa de soja y sal al caldo reservado y vierte sobre los rollitos de pato. Coloque el recipiente en una olla con agua, hasta dos tercios de los lados del recipiente. Llevar a ebullición, tapar y cocinar a fuego lento hasta que el pato esté tierno, aproximadamente 1 hora.

pato asado con miel

para 4 personas

1 pato

sal

3 dientes de ajo machacados

3 cebolletas (cebolletas), picadas

45 ml / 3 cucharadas de salsa de soja

45 ml / 3 cucharadas de vino de arroz o jerez seco

45 ml / 3 cucharadas de miel

200 ml / 7 fl oz / menos de 1 taza de agua hirviendo

Seque el pato y frótelo por dentro y por fuera con sal. Agrega el ajo, las cebolletas, la salsa de soja y el vino o jerez, luego divide la mezcla por la mitad. Dividir la miel por la mitad y esparcirla sobre el pato y dejar secar. Agrega el agua a la mezcla de miel restante. Vierta la mezcla de salsa de soja en la cavidad del pato y colóquelo sobre una rejilla en una fuente para asar con un poco de agua en el fondo. Ase en un horno precalentado a 180 °C/350 °F/termostato de gas 4 durante aproximadamente 2 horas hasta que el pato esté tierno, untándolo con la mezcla de miel restante durante la cocción.

pato asado mojado

para 4 personas

6 cebolletas (cebolletas), picadas
2 rodajas de raíz de jengibre, picada
1 pato
2,5 ml / ½ cucharadita de anís molido
15ml / 1 cucharada de azúcar
45 ml / 3 cucharadas de vino de arroz o jerez seco
60 ml / 4 cucharadas de salsa de soja
250 ml / 8 fl oz / 1 vaso de agua

Coloque la mitad de las cebollas verdes y el jengibre en una sartén grande de fondo grueso. Coloca el resto en la cavidad del pato y agrégalo a la sartén. Agregue todos los ingredientes restantes excepto la salsa hoisin, hierva, cubra y cocine durante aproximadamente 1 1/2 horas, volteando ocasionalmente. Retire el pato de la sartén y déjelo secar durante unas 4 horas.

Coloque el pato sobre una rejilla en una fuente para asar llena de un poco de agua fría. Ase en el horno precalentado a 230 °C/450 °F/termostato de gas 8 durante 15 minutos, luego déle la vuelta y ase durante 10 minutos más hasta que esté crujiente. Mientras tanto, recalienta el líquido reservado y vierte sobre el pato para servir.

Pato asado con champiñones

para 4 personas

1 pato

75 ml / 5 cucharadas de aceite de maní (maní)

45 ml / 3 cucharadas de vino de arroz o jerez seco

15 ml / 1 cucharada de salsa de soja

15ml / 1 cucharada de azúcar

5 ml / 1 cucharadita de sal

una pizca de pimienta

2 dientes de ajo machacados

225 g/8 oz de champiñones, cortados por la mitad

600 ml / 1 pt / 2½ tazas de caldo de pollo

15 ml / 1 cucharada de harina de maíz (almidón de maíz)

30 ml / 2 cucharadas de agua

5 ml / 1 cucharadita de aceite de sésamo

Cortar el pato en 2 trozos / 5 cm, calentar 45 ml / 3 cucharadas de aceite y sofreír el pato hasta que esté ligeramente dorado por todos lados. Agrega vino o jerez, salsa de soja, azúcar, sal y pimienta y cocina por 4 minutos. Retirar de la sartén. Calentar el aceite restante y sofreír los ajos hasta que estén ligeramente dorados. Agrega los champiñones y revuelve hasta que estén cubiertos de aceite, luego regresa la mezcla de pato a la sartén y agrega el caldo. Llevar a ebullición, tapar y cocinar a fuego lento hasta que el pato esté tierno, aproximadamente 1 hora. Mezcla la harina de maíz y el agua hasta formar una pasta, luego agrégala a la mezcla y cocina, revolviendo, hasta que la salsa espese. Rocíe aceite de sésamo encima y sirva.

pato con dos champiñones

para 4 personas

6 champiñones chinos secos

1 pato

750 ml / 1 ¼ puntos / 3 tazas de caldo de pollo

45 ml / 3 cucharadas de vino de arroz o jerez seco

5 ml / 1 cucharadita de sal

100 g/4 oz de brotes de bambú, cortados en tiras

100 g / 4 oz de champiñones

Remojar los champiñones en agua tibia durante 30 minutos y luego escurrirlos. Deseche los tallos y corte la parte superior por la mitad. Coloque el pato en un recipiente grande resistente al calor con el caldo, el vino o jerez y la sal, y colóquelo en una cacerola llena de agua, hasta dos tercios de los lados del recipiente. Llevar a ebullición, tapar y cocinar a fuego lento hasta que el pato esté tierno, aproximadamente 2 horas. Retirar de la sartén y separar la carne de los huesos. Transfiera el líquido de cocción a una cacerola aparte. Coloque los brotes de bambú y ambos tipos de champiñones en el fondo de la vaporera, reemplace la carne de pato, cubra y cocine al vapor durante otros 30 minutos. Llevar a ebullición el líquido de cocción y verter sobre el pato para servir.

Pato Asado Con Cebolla

para 4 personas

4 champiñones chinos secos

1 pato

90 ml / 6 cucharadas de salsa de soja

60 ml / 4 cucharadas de aceite de maní

1 cebollín (cebolleta), picado

1 rodaja de raíz de jengibre, picada

45 ml / 3 cucharadas de vino de arroz o jerez seco

1 libra/450 g de cebolla, en rodajas

100 g / 4 oz de brotes de bambú, en rodajas

15 ml / 1 cucharada de azúcar moreno

15 ml / 1 cucharada de harina de maíz (almidón de maíz)

45 ml / 3 cucharadas de agua

Remojar los champiñones en agua tibia durante 30 minutos y luego escurrirlos. Deseche los tallos y corte la parte superior. Unte el pato con 15 ml / 1 cucharada de salsa de soja. Reservar 15ml / 1 cucharada de aceite, calentar el aceite restante y sofreír la cebolleta y el jengibre hasta que estén ligeramente dorados. Añade el pato y sofríe hasta que esté ligeramente dorado por todos lados. Elimina el exceso de grasa. Agregue vino o jerez, el resto de la salsa de soja y suficiente agua a la sartén para cubrir casi el pato. Llevar a ebullición, tapar y cocinar a fuego lento durante 1 hora, volteando de vez en cuando.

Calentar el aceite reservado y sofreír las cebollas hasta que estén blandas. Retirar del fuego y agregar los brotes de bambú y los champiñones, luego agregar al pato, tapar y cocinar por otros 30 minutos hasta que el pato esté tierno. Retire el pato de la sartén, córtelo en trozos y colóquelo en una fuente caliente. Llevar a ebullición los líquidos de la olla, agregar el azúcar y la maicena y cocinar, revolviendo, hasta que la mezcla hierva y espese. Para servir, vierta sobre el pato.

pato con naranja

para 4 personas

1 pato

3 cebolletas (cebolletas verdes), cortadas en trozos

2 rodajas de raíz de jengibre, cortadas en tiras

1 rodaja de piel de naranja

sal y pimienta negra recién molida

Coloca el pato en una olla grande, cúbrelo con agua y déjalo hervir. Agrega las cebolletas, el jengibre y la ralladura de naranja, tapa y cocina hasta que el pato esté tierno, aproximadamente 1 1/2 horas. Sazone con sal y pimienta, escurra y sirva.

pato asado con naranja

para 4 personas

1 pato

2 dientes de ajo, partidos por la mitad

45 ml / 3 cucharadas de aceite de maní (maní)

1 cebolla

1 naranja

120 ml / 4 fl oz / ½ taza de vino de arroz o jerez seco

2 rodajas de raíz de jengibre, picada

5 ml / 1 cucharadita de sal

Frote el ajo por dentro y por fuera del pato y luego unte con aceite. Pinchar la cebolla pelada con un tenedor, introducirla junto con la naranja sin pelar en la cavidad del pato y cerrarla con una brocheta. Coloque el pato sobre una rejilla sobre una fuente para asar llena con un poco de agua caliente y ase en un horno precalentado a 160°C/325°F/termostato de gas 3 durante aproximadamente 2 horas. Deseche los líquidos y devuelva el pato a la fuente para asar. Vierta vino o jerez y espolvoree con jengibre y sal. Regrese al horno por otros 30 minutos. Desecha la cebolla y la naranja y corta el pato en trozos para servir. Vierta el jugo de la sartén sobre el pato para servir.

Pato con Peras y Castañas

para 4 personas

225 g/8 oz de castañas sin cáscara

1 pato

45 ml / 3 cucharadas de aceite de maní (maní)

250 ml / 8 fl oz / 1 taza de caldo de pollo

45 ml / 3 cucharadas de salsa de soja

15 ml / 1 cucharada de vino de arroz o jerez seco

5 ml / 1 cucharadita de sal

1 rodaja de raíz de jengibre, picada

1 pera grande, pelada y cortada en rodajas gruesas

15ml / 1 cucharada de azúcar

Hervir las castañas durante 15 minutos y escurrir. Picar el pato en trozos de 5 cm / 2, calentar el aceite y freír el pato hasta que esté ligeramente dorado por todos lados. Escurre el exceso de grasa y añade el caldo, la salsa de soja, el vino o jerez, la sal y el jengibre. Llevar a ebullición, tapar y cocinar durante 25 minutos, revolviendo ocasionalmente. Agrega las castañas, tapa y cocina por otros 15 minutos. Espolvoree azúcar sobre las peras, agréguelas a la sartén y cocine hasta que estén completamente calientes, aproximadamente 5 minutos.

Pato Pekín

para 6

1 pato

250 ml / 8 fl oz / 1 vaso de agua

120 ml / 4 fl oz / ½ taza de miel

120 ml / 4 fl oz / ½ taza de aceite de sésamo

Para panqueques:

250 ml / 8 fl oz / 1 vaso de agua

225 g / 8 oz / 2 tazas de harina común (para todo uso)

aceite de maní para freír

Para salsas:

120 ml / 4 fl oz / ½ taza de salsa hoisin

30 ml / 2 cucharadas de azúcar moreno

30 ml / 2 cucharadas de salsa de soja

5 ml / 1 cucharadita de aceite de sésamo

6 cebolletas (cebolletas), cortadas a lo largo

1 pepino cortado en tiras

El pato debe estar entero con la piel intacta. Ate bien el cuello con una cuerda y cosa o enhebre la abertura inferior. Haga una pequeña hendidura en el costado del cuello, inserte una pajita y sople aire debajo de la piel hasta que se hinche. Cuelga el pato en el recipiente y déjalo reposar durante 1 hora.

Poner a hervir agua en una olla, añadir el pato y dejar hervir durante 1 minuto, luego retirar y secar bien. Hervir agua y agregar miel. Frote la mezcla sobre la piel del pato hasta que se sature. Cuelga el pato sobre un bol en un lugar fresco y aireado hasta que la piel se endurezca, aproximadamente 8 horas.

Suspenda el pato o colóquelo sobre una rejilla sobre una fuente para asar y ase en un horno precalentado a 180 °C/350 °F/termostato de gas 4 durante aproximadamente 1½ horas, rociándolo regularmente con aceite de sésamo.

Para hacer panqueques, hierva agua y luego agregue gradualmente la harina. Amasar suavemente la masa hasta que esté suave, cubrirla con un paño húmedo y dejar reposar durante 15 minutos. Dale forma de cilindro largo con un rodillo sobre una superficie enharinada. Córtelo en rodajas de 2,5 cm / 1 pulgada, luego aplánelo hasta que tenga aproximadamente 5 mm / ¼ de grosor y unte la parte superior con aceite. Apílelos de dos en dos, con las superficies engrasadas tocándose, y espolvoréelos ligeramente con harina. Estirar en pares de unos 10 cm/4 pulgadas de ancho y cocinar en pares hasta que estén ligeramente dorados, aproximadamente 1 minuto por cada lado. Separe y apile hasta que esté listo para servir.

Prepara la salsa mezclando la mitad de la salsa hoisin con azúcar y el resto con salsa de soja y aceite de sésamo.

Retirar el pato del horno, quitarle la piel y cortarlo en cuadritos, y cortar la carne en cubos. Disponer en platos individuales y servir con panqueques, salsa y guarniciones.

Pato Hervido Con Piña

para 4 personas

1 pato

400 g / 14 oz de trozos de piña en almíbar en lata

45 ml / 3 cucharadas de salsa de soja

5 ml / 1 cucharadita de sal

una pizca de pimienta recién molida

Coloque el pato en una olla de fondo grueso, cúbralo con agua, déjelo hervir, luego tape y cocine durante 1 hora. Vierte el almíbar de piña en la sartén con la salsa de soja, sal y pimienta, tapa y cocina por 30 minutos más. Agrega los trozos de piña y cocina por otros 15 minutos hasta que el pato esté tierno.

Pato salteado con piña

para 4 personas

1 pato

45 ml / 3 cucharadas de harina de maíz (almidón de maíz)

45 ml / 3 cucharadas de salsa de soja

225 g/8 oz de piña en almíbar enlatada

45 ml / 3 cucharadas de aceite de maní (maní)

2 rodajas de raíz de jengibre, cortadas en tiras

15 ml / 1 cucharada de vino de arroz o jerez seco

5 ml / 1 cucharadita de sal

Separa la carne de los huesos y córtala en trozos. Mezcle la salsa de soja con 30 ml/2 cucharadas de harina de maíz y revuelva con el pato hasta que esté bien cubierto. Déjalo reposar durante 1 hora, revolviendo ocasionalmente. Triturar la piña y el almíbar y calentar suavemente en una sartén. Mezclar el resto de la harina de maíz con un poco de agua, agregarla a la olla y cocinar a fuego lento, revolviendo hasta que la salsa espese. Mantenerse abrigado. Calienta el aceite y fríe el jengibre hasta que esté ligeramente dorado, luego desecha el jengibre. Añade el pato y sofríe hasta que esté ligeramente dorado por todos lados. Añade el vino o jerez y la sal y asa unos minutos más hasta que el pato esté cocido. Coloque el pato en un plato para servir caliente, vierta la salsa encima y sirva inmediatamente.

pato con piña y jengibre

para 4 personas

1 pato
100 g/4 oz de jengibre en almíbar enlatado
200 g de piña en almíbar en conserva en trozos
5 ml / 1 cucharadita de sal
15 ml / 1 cucharada de harina de maíz (almidón de maíz)
30 ml / 2 cucharadas de agua

Coloque el pato en un recipiente resistente al calor y colóquelo sobre una cacerola con agua hasta que cubra dos tercios de los lados del recipiente. Llevar a ebullición, tapar y cocinar a fuego lento hasta que el pato esté tierno, aproximadamente 2 horas. Retirar el pato y dejar enfriar un poco. Quitar la piel y el hueso y cortar el pato en trozos. Disponer en un plato para servir y mantener caliente.

Vierte el almíbar de jengibre y piña en una olla, agrega sal, maicena y agua. Llevar a ebullición, revolver y cocinar durante unos minutos, revolviendo, hasta que la salsa se adelgace y espese. Agrega el jengibre y la piña, revuelve y vierte sobre el pato para servir.

Pato con Piña y Lichis

para 4 personas

4 pechugas de pato
15 ml / 1 cucharada de salsa de soja
1 diente de anís estrellado
1 rodaja de raíz de jengibre
aceite de maní para freír
90 ml / 6 cucharadas de vinagre de vino
100 g / 4 oz / ½ taza de azúcar moreno
250 ml / 8 fl oz / ½ taza de caldo de pollo
15 ml / 1 cucharada de salsa de tomate (ketchup)
200 g de piña en almíbar en conserva en trozos
15 ml / 1 cucharada de harina de maíz (almidón de maíz)
6 lichis enlatados
6 cerezas marrasquino

Coloca en una olla el pato, la salsa de soja, el anís y el jengibre y cubre con agua fría. Llevar a ebullición, colar, tapar y cocinar a fuego lento hasta que el pato esté bien cocido, aproximadamente 45 minutos. Escurrir y secar. Freír en aceite caliente hasta que estén doradas.

Mientras tanto, colocar en una cacerola el vinagre de vino, el azúcar, el caldo, la salsa de tomate y 30ml/2 cucharadas de almíbar de piña, llevar a ebullición y cocinar durante unos 5 minutos hasta que espese. Para servir, agregue la fruta y caliente antes de verterla sobre el pato.

Pato con Cerdo y Castañas

para 4 personas
6 champiñones chinos secos
1 pato
225 g/8 oz de castañas sin cáscara
225 g/8 oz de carne de cerdo magra, en cubitos
3 cebolletas (cebolletas), picadas
1 rodaja de raíz de jengibre, picada
250 ml / 8 fl oz / 1 taza de salsa de soja
900 ml / 1½ puntos / 3¾ vasos de agua

Remojar los champiñones en agua tibia durante 30 minutos y luego escurrirlos. Deseche los tallos y corte la parte superior. Coloque en una sartén grande con todos los ingredientes restantes, deje hervir, cubra y cocine a fuego lento hasta que el pato esté bien cocido, aproximadamente 1 1/2 horas.

pato con patatas

para 4 personas

75 ml / 5 cucharadas de aceite de maní (maní)

1 pato

3 dientes de ajo machacados

30 ml / 2 cucharadas de salsa de frijoles negros

10 ml / 2 cucharaditas de sal

1,2 l / 2 puntos / 5 vasos de agua

2 puerros, en rodajas gruesas

15ml / 1 cucharada de azúcar

45 ml / 3 cucharadas de salsa de soja

60 ml / 4 cucharadas de vino de arroz o jerez seco

1 diente de anís estrellado

900 g / 2 lb de patatas, en rodajas gruesas

½ cabeza de hojas chinas

15 ml / 1 cucharada de harina de maíz (almidón de maíz)

30 ml / 2 cucharadas de agua

ramita de perejil de hoja plana

Calentar 60 ml / 4 cucharadas de aceite y sofreír el pato hasta que esté dorado por todos lados. Ate o cosa el extremo del cuello y coloque el cuello del pato hacia abajo en un recipiente hondo. Calentar el aceite restante y sofreír los ajos hasta que estén ligeramente dorados. Agrega la salsa de frijoles negros y sal y sofríe por 1 minuto. Añade agua, puerros, azúcar, salsa de soja, vino o jerez y anís estrellado y deja hervir. Vierta 120 ml / 8 fl oz / 1 taza de la mezcla en la cavidad del pato y ate o cosa para asegurar. Llevar a ebullición el resto de la mezcla en la cacerola. Añade el pato y las patatas, tapa y cocina durante 40 minutos, volteando el pato una vez. Coloca las hojas chinas en un plato para servir. Retirar el pato de la sartén, cortarlo en trozos de 5 cm/2 y colocarlo en un plato para servir con las patatas. Mezcla la harina de maíz y el agua hasta obtener una consistencia pastosa, ponla en una olla y cocina a fuego lento, revolviendo hasta que la salsa espese.

Pato rojo hervido

para 4 personas

1 pato

4 cebolletas (cebolletas verdes), cortadas en trozos

2 rodajas de raíz de jengibre, cortadas en tiras

90 ml / 6 cucharadas de salsa de soja

45 ml / 3 cucharadas de vino de arroz o jerez seco

10 ml / 2 cucharaditas de sal

10 ml / 2 cucharaditas de azúcar

Coloque el pato en una cacerola pesada, cúbralo con agua y déjelo hervir. Agregue cebollino, jengibre, vino o jerez y sal, cubra y cocine a fuego lento durante aproximadamente 1 hora. Agrega el azúcar y cocina por otros 45 minutos hasta que el pato esté tierno. Cortar el pato en rodajas, colocarlo en un plato para servir y servir frío o caliente, con o sin salsa.

Pato Asado Al Vino De Arroz

para 4 personas

1 pato

500 ml / 14 fl oz / 1¾ tazas de vino de arroz o jerez seco

5 ml / 1 cucharadita de sal

45 ml / 3 cucharadas de salsa de soja

Colocar el pato en una cacerola de fondo grueso con el jerez y la sal, llevar a ebullición, tapar y cocinar a fuego lento durante 20 minutos. Escurrir el pato, reservar el líquido y untar con salsa de soja. Colóquelos sobre una rejilla en una fuente para hornear llena con un poco de agua caliente y ase en un horno precalentado a 180°C / 350°F / marca de gas 4 durante aproximadamente 1 hora, cubriendo periódicamente con el líquido de vino reservado.

Pato al vapor con vino de arroz

para 4 personas

1 pato
4 cebolletas (cebolletas), cortadas a la mitad
1 rodaja de raíz de jengibre, picada
250 ml / 8 fl oz / 1 taza de vino de arroz o jerez seco
30 ml / 2 cucharadas de salsa de soja
una pizca de sal

Hervir el pato en agua hirviendo durante 5 minutos y escurrir. Colocar en un recipiente resistente al calor con los ingredientes restantes. Coloque el recipiente en una olla con agua, hasta dos tercios de los lados del recipiente. Llevar a ebullición, tapar y cocinar a fuego lento hasta que el pato esté tierno, aproximadamente 2 horas. Deseche las cebolletas y el jengibre antes de servir.

pato salado

para 4 personas

45 ml / 3 cucharadas de aceite de maní (maní)

4 pechugas de pato

3 cebolletas (cebolletas), en rodajas

2 dientes de ajo machacados

1 rodaja de raíz de jengibre, picada

250 ml / 8 fl oz / 1 taza de salsa de soja

30 ml / 2 cucharadas de vino de arroz o jerez seco

30 ml / 2 cucharadas de azúcar moreno

5 ml / 1 cucharadita de sal

450 ml / ¾ punto / 2 vasos de agua

15 ml / 1 cucharada de harina de maíz (almidón de maíz)

Calentar el aceite y sofreír las pechugas de pato hasta que estén doradas. Agrega el cebollino, el ajo y el jengibre y sofríe durante 2 minutos. Agrega la salsa de soja, el vino o jerez, el azúcar y la sal y mezcla bien. Agregue agua, deje hervir, cubra y cocine hasta que la carne esté muy tierna, aproximadamente 1 1/2 horas. Mezclar la harina de maíz con un poco de agua, agregarla a la sartén y cocinar a fuego lento, revolviendo hasta que la salsa espese.

Pato Salado Con Judías Verdes

para 4 personas

45 ml / 3 cucharadas de aceite de maní (maní)

4 pechugas de pato

3 cebolletas (cebolletas), en rodajas

2 dientes de ajo machacados

1 rodaja de raíz de jengibre, picada

250 ml / 8 fl oz / 1 taza de salsa de soja

30 ml / 2 cucharadas de vino de arroz o jerez seco

30 ml / 2 cucharadas de azúcar moreno

5 ml / 1 cucharadita de sal

450 ml / ¾ punto / 2 vasos de agua

225 g / 8 onzas de judías verdes

15 ml / 1 cucharada de harina de maíz (almidón de maíz)

Calentar el aceite y sofreír las pechugas de pato hasta que estén doradas. Agrega el cebollino, el ajo y el jengibre y sofríe durante 2 minutos. Agrega la salsa de soja, el vino o jerez, el azúcar y la sal y mezcla bien. Agrega agua, lleva a ebullición, tapa y cocina durante unos 45 minutos. Agrega los frijoles, tapa y cocina por otros 20 minutos. Mezclar la harina de maíz con un poco de agua, agregarla a la sartén y cocinar a fuego lento, revolviendo hasta que la salsa espese.

pato cocido a fuego lento

para 4 personas

1 pato

50 g / 2 oz / ½ taza de harina de maíz (maicena)

Aceite para freír

2 dientes de ajo machacados

30 ml / 2 cucharadas de vino de arroz o jerez seco

30 ml / 2 cucharadas de salsa de soja

5 ml / 1 cucharadita de raíz de jengibre rallada

750 ml / 1¼ puntos / 3 tazas de caldo de pollo

4 champiñones chinos secos

225 g / 8 oz de brotes de bambú, en rodajas

225 g/8 oz de castañas de agua, en rodajas

10 ml / 2 cucharaditas de azúcar

una pizca de pimienta

5 cebollines (cebolletas), en rodajas

Cortar el pato en trozos pequeños. Reserva 30 ml / 2 cucharadas de maicena y cubre el pato con la maicena restante. Retire el exceso de polvo. Calentar el aceite y sofreír los ajos y el pato hasta que estén ligeramente dorados. Retirar de la sartén y escurrir sobre papel de cocina. Coloca el pato en una sartén grande. Mezclar vino o jerez, 15 ml / 1 cucharada de salsa de soja y jengibre. Agrega a la sartén y cocina a fuego alto durante 2 minutos. Agrega la mitad del caldo, deja hervir, tapa y cocina hasta que el pato esté tierno, aproximadamente 1 hora.

Mientras tanto, remoje los champiñones en agua tibia durante 30 minutos y luego escúrralos. Deseche los tallos y corte la parte superior. Añade las setas, los brotes de bambú y las castañas al pato y cocina durante 5 minutos, revolviendo frecuentemente. Retire el aceite del líquido. Mezcle el caldo restante, la harina de maíz y la salsa de soja con el azúcar y la pimienta negra y revuelva en la sartén. Deje hervir, revuelva y cocine a fuego lento hasta que la salsa espese, aproximadamente 5 minutos. Transfiera a un tazón para servir tibio y sirva adornado con cebollino.

pato salteado

para 4 personas

1 clara de huevo, ligeramente batida
20 ml / 1½ cucharadas de maicena (maicena)
sal
450 g de pechuga de pato, en rodajas finas
45 ml / 3 cucharadas de aceite de maní (maní)
2 cebolletas (cebolletas), cortadas en tiras
1 pimiento verde cortado en tiras
5 ml / 1 cucharadita de vino de arroz o jerez seco
75 ml / 5 cucharadas de caldo de pollo
2,5ml / ½ cucharadita de azúcar

Batir la clara con 15 ml/1 cucharada de maicena y una pizca de sal. Agrega el pato en rodajas y revuelve hasta que el pato esté cubierto. Calentar el aceite y sofreír el pato hasta que esté bien cocido y dorado. Retire el pato de la sartén y escurra todo menos 30 ml / 2 cucharadas de grasa. Agrega las cebolletas y el pimiento morrón y sofríe durante 3 minutos. Añade vino o jerez, caldo y azúcar y deja hervir. Mezclar la maicena restante con un poco de agua, agregarla a la salsa y cocinar, revolviendo, hasta que la salsa espese. Añade el pato, calienta y sirve.

pato con batatas

para 4 personas

1 pato

250 ml / 8 fl oz / 1 taza de mantequilla de maní (maní)

8 onzas/225 g de batatas, peladas y cortadas en cubitos

2 dientes de ajo machacados

1 rodaja de raíz de jengibre, picada

2,5 ml / ½ cucharadita de canela

2,5 ml / ½ cucharadita de clavo molido

una pizca de anís molido

5 ml / 1 cucharadita de azúcar

15 ml / 1 cucharada de salsa de soja

250 ml / 8 fl oz / 1 taza de caldo de pollo

15 ml / 1 cucharada de harina de maíz (almidón de maíz)

30 ml / 2 cucharadas de agua

Picar el pato en trozos de 5 cm/2, calentar el aceite y sofreír las patatas hasta que estén doradas. Retirar de la sartén y escurrir todo menos 30 ml / 2 cucharadas de aceite. Agrega el ajo y el jengibre y sofríe durante 30 segundos. Añade el pato y sofríe hasta que esté ligeramente dorado por todos lados. Agregue las especias, el azúcar, la salsa de soja y el agua y deje hervir. Agrega las patatas, tapa y cocina hasta que el pato esté tierno, unos 20 minutos. Mezcle la harina de maíz y el agua hasta formar una pasta, luego agréguela a la sartén y cocine, revolviendo, hasta que la salsa espese.

pato agridulce

para 4 personas

1 pato

1.2 lt / 2 puntos / 5 tazas de caldo de pollo

2 cebollas

2 zanahorias

2 dientes de ajo, rebanados

15 ml / 1 cucharada de especias para encurtir

10 ml / 2 cucharaditas de sal

10 ml / 2 cucharaditas de aceite de maní

6 cebolletas (cebolletas), picadas

1 mango, pelado y cortado en cubitos

12 lichis, reducidos a la mitad

15 ml / 1 cucharada de harina de maíz (almidón de maíz)

15 ml / 1 cucharada de vinagre de vino

10 ml / 2 cucharaditas de puré de tomate (pasta)

15 ml / 1 cucharada de salsa de soja

5 ml / 1 cucharadita de cinco especias en polvo

300 ml / ½ pt / 1¼ taza de caldo de pollo

Coloque el pato en una vaporera sobre una olla que contenga caldo, cebolla, zanahoria, ajo, pepinillos y sal. Cubra y cocine al vapor durante 2 1/2 horas. Enfriar el pato, tapar y dejar enfriar durante 6 horas. Retire la carne de los huesos y córtela en cubos. Calentar el aceite y sofreír el pato y el cebollino hasta que estén crujientes. Agrega el resto de los ingredientes, lleva a ebullición y cocina, revolviendo, hasta que la salsa espese, 2 minutos.

Pato mandarín

para 4 personas

1 pato
60 ml / 4 cucharadas de aceite de maní
1 cáscara de mandarina seca
900 ml / 1½ puntos / 3¾ tazas de caldo de pollo
5 ml / 1 cucharadita de sal

Cuelga el pato para que se seque durante 2 horas. Calentar la mitad del aceite y sofreír el pato hasta que esté ligeramente dorado. Transfiera a un tazón grande resistente al calor. Calentar el aceite restante y sofreír la piel de mandarina durante 2 minutos para luego introducirla en el pato. Vierte el caldo sobre el pato y sazona con sal. Coloque el tazón sobre la rejilla de la vaporera, cubra y cocine al vapor hasta que el pato esté tierno, aproximadamente 2 horas.

pato con verduras

para 4 personas

1 pato grande cortado en 16 trozos
sal
300 ml / ½ punto / 1¼ vaso de agua

300 ml / ½ pt / 1¼ tazas de vino blanco seco

120 ml / 4 fl oz / ½ taza de vinagre de vino

45 ml / 3 cucharadas de salsa de soja

30 ml / 2 cucharadas de salsa de ciruela

30 ml / 2 cucharadas de salsa hoisin

5 ml / 1 cucharadita de cinco especias en polvo

6 cebolletas (cebolletas), picadas

2 zanahorias picadas

5 cm / 2 rábanos blancos picados

50 g de bok choy, picado

pimienta negra fresca

5 ml / 1 cucharadita de azúcar

Colocar los trozos de pato en un bol, espolvorear con sal y añadir agua y vino. Agregue vinagre de vino, salsa de soja, salsa de ciruela, salsa hoisin y cinco especias en polvo, deje hervir, cubra y cocine a fuego lento durante aproximadamente 1 hora. Agrega las verduras a la sartén, retira la tapa y cocina por otros 10 minutos. Sazona con sal, pimienta y azúcar y deja enfriar. Cubra y refrigere durante la noche. Quite la grasa y luego vuelva a calentar el pato en la salsa durante 20 minutos.

Pato salteado con verduras

para 4 personas

4 champiñones chinos secos

1 pato

10 ml / 2 cucharaditas de harina de maíz (almidón de maíz)

15 ml / 1 cucharada de salsa de soja

45 ml / 3 cucharadas de aceite de maní (maní)

100 g/4 oz de brotes de bambú, cortados en tiras

50 g/2 oz de castañas de agua, cortadas en tiras

120 ml / 4 fl oz / ½ taza de caldo de pollo

15 ml / 1 cucharada de vino de arroz o jerez seco

5 ml / 1 cucharadita de sal

Remojar los champiñones en agua tibia durante 30 minutos y luego escurrirlos. Deseche los tallos y corte la parte superior en dados. Retire la carne de los huesos y córtela en trozos. Mezclar la harina de maíz y la salsa de soja, agregarla a la carne de pato y dejar reposar 1 hora. Calentar el aceite y sofreír el pato hasta que esté ligeramente dorado por todos lados. Retirar de la sartén. Agrega los champiñones, los brotes de bambú y las castañas a la sartén y cocina por 3 minutos.

Agrega el caldo, el vino o jerez y la sal, lleva a ebullición y cocina por 3 minutos. Regrese el pato a la sartén, tape y cocine por otros 10 minutos hasta que el pato esté tierno.

Pato Blanco Al Horno

para 4 personas

1 rodaja de raíz de jengibre, picada
250 ml / 8 fl oz / 1 taza de vino de arroz o jerez seco
sal y pimienta negra recién molida
1 pato
3 cebolletas (cebolletas), picadas
5 ml / 1 cucharadita de sal
100 g / 4 oz de brotes de bambú, en rodajas
100 g/4 oz de jamón ahumado, en rodajas

Mezclar el jengibre, 15 ml / 1 cucharada de vino o jerez, un poco de sal y pimienta. Untarlo sobre el pato y dejar reposar 1 hora. Coloque el ave con la marinada en una cacerola de fondo grueso y agregue las cebolletas y la sal. Agregue suficiente agua fría para cubrir el pato, hierva, cubra y cocine hasta que el pato esté tierno, aproximadamente 2 horas. Agrega los brotes de bambú y el jamón y cocina por otros 10 minutos.

pato con vino

para 4 personas

1 pato

15 ml / 1 cucharada de salsa de frijoles amarillos

1 cebolla en rodajas

1 botella de vino blanco seco

Frote el pato por dentro y por fuera con la salsa de frijoles amarillos. Coloca la cebolla dentro de la cavidad. Hierva el vino en una olla grande, agregue el pato, vuelva a hervir, cubra y cocine a fuego lento hasta que el pato esté tierno, aproximadamente 3 horas. Escurrir y cortar en rodajas para servir.

www.ingramcontent.com/pod-product-compliance
Lightning Source LLC
Chambersburg PA
CBHW050150130526
44591CB00033B/1243